# アーバンダート百科

# はじめに

　本書は、２０００年４月から２００２年３月まで大井競馬のレーシングプログラムに連載した「アーバンダート百科」をまとめたもので、年齢呼称など、その後に変化した事柄については訂正し、血統に関してもその後の活躍馬について書き加えている。また、一回ごとに完結させるため、記述内容の重複があることをお断りしておかねばならない。

　折しもヨーロッパやオーストラリアでもダート競馬（全

天候馬場と呼ばれている）が始まって、ＢＣクラシック、ドバイワールドＣといった世界最高賞金レースがダートコースで行われ、ヨーロッパの芝馬場の活躍馬すら、最強クラスはダート競馬に挑戦するという時代に入った。明らかに世界競馬は芝中心からダート中心へと移行しつつあり、日本でもアグネスデジタル、ゴールドアリュールといった最強クラスの競走馬がダートコースを中心に活躍するようになっている。そうした時代にありながら、競馬関係者もファンも、多くは芝競馬中心の競馬観から抜け出せない面もあるように思えてならない。実際に競馬について語られたり書かれたりしているものの多くは、ダート競馬、芝競馬という考え方以上に、ＪＲＡ競馬、地方競馬という行政上の区分が支配的となっているようでもある。

　芝競馬がほとんどＪＲＡ所属馬だけの小世界的なもので、レースのグレードすら単にＪＲＡが自称しているだけのものでしかないのに対し、ダート競馬はほぼＪＲＡと地方競馬の競走馬が合流して展開されており、グレードも日本の全主催者が相互に認め合った統一グレードとなっている。そうした面でもダート競馬は先駆的な存在として、日本競馬の将来を担う存在といってよいだろう。

この時代にダート競馬を中心に据えた「競馬百科」をまとめることができたことで、私自身の仕事としても特に充実したものとなった。日本におけるダート競馬の伝統を築き上げたのは大井競馬を中心とした南関東競馬で、オンスロート、ヒカルタカイ、ハイセイコー、ロジータといった多くの名馬と、それらの名馬をめぐるさまざまな話題を提供してきた。本書を大井競馬のオフィシャル・レーシングプログラムに連載できたことはこの上ない喜びと思う。

また本書をまとめる上でご尽力いただいた朴澤正雪さんに心からの謝意を表したい。

２００３年３月

山野浩一

# 目次

第1章

# ダート競馬の歴史

●世界と日本のダートコース
●日本ダート競馬小史
●ハイセイコー物語
●チャンピオンシップ確立への道程
●クラシックレースの歴史

## 001 世界競馬の主流はダート

ダート競馬は世界の多くの国々で行われている。ほとんどのレースを芝コースで開催しているアイルランドのような国でも、年に一度のレイタウン競馬は砂浜に仮設された直線コースで開かれており、オーストラリアでもピクニック競馬と呼ばれる非公式競馬以外に、砂漠の真ん中にあるアリススプリングという都市ではダートの公式競馬が行われている。

中国の香港競馬、カナダ、南アフリカ共和国、ブラジルなど、ほとんどの国々では、日本と同じように、芝コースとダートコースが併用されていて、アメリカ、アルゼンチン、ロシア、スウェーデン、UAEなどでは、ダート競馬が中心となっている。

ロシアやスウェーデンのような寒い国では芝の生育が悪く、UAEのような砂漠の国でも、芝コースの管理が難しいのでダート競馬が中心となったけれど、アメリカ合衆国では競馬が始まった18世紀末から、芝競馬とダート競馬の両方が行われ、まもなくダートが中心となり、芝競馬は一部の都市のみで、ダートの内側のサブ・コースで行われるようになった。

アメリカ、オーストラリアに次ぐ大規模な競馬国アルゼンチンでは、近年まで芝コースが中心だったが、ペロン革命で芝競馬の中心地サンイシドロが閉鎖されるとダートが主力となり、復活したサンイシドロでもダートコースが併設されるようになった。世界競馬の主流はダートに向かっている。

豪州アリススプリングス競馬場ダートコース。
世界競馬の主流はダートに向かっている。

## 002

# 開拓時代の名残をとどめるアメリカのダート競馬

なぜアメリカ競馬はダートコース中心となったのだろうか。

アメリカ競馬の初期は西部への大開拓時代でもあり、開拓には馬が不可欠な存在となっていた。幌馬車を曳く中間種とともに、牛を追ったり、街との連絡、あるいは先住民や強盗団から逃れるためにも、多くの人々が速く走るサラブレッドを求めるようになり、競馬はサラブレッド売買のための重要な役割を果たすようになった。

買う馬がどれだけ速く走れるかは、競馬でどのようなレースをするかを見れば最も確実だ。今もアメリカ競馬の大半は、レースごとに売買価格が表示されていて、その価格を入札すれば持ち主が売らなければならないという「クレーミング・レース」となっている。これは個々のレースの出走馬のレベルをそろえるにも有効で、個々の馬の時価がそのままそれらの馬の能力レベルともなるわけだが、当然ながら馬券面でも楽しめる接戦が展開されることになる。

初期にはこのクレーミング方式が、セリの代わりを務めるものでもあり、速く走る馬や、掘り出し物の種牡馬や繁殖牝馬を求めるには競馬場へ行けばよかった。開拓地に向かう馬は芝の上よりも砂地の上を走るのが普通だったので、当然ながらダート競馬が中心となる。また、個々の馬の能力比較が容易なように、すべてのコースは左回りで平坦小回りという均一な競馬場で行われるようにもなった。ダート競馬にはアメリカ開拓時代の名残りがある。

アメリカ開拓時代には馬が必要不可欠な存在だった。

## *003* アメリカのダートコースはテクノ馬場

日本では、連続開催の酷使に耐え得るという理由で、ダート競馬が古くから行われてきた。当初はコースに砂を入れてハローをかけただけの典型的な砂馬場だった。今でもこのタイプの砂馬場は、日本でも海外のローカル競馬などでも使われていて、重くてスピードが出ないけれど、そのために故障が少なく、能力レベルの高くない馬でもそれなりの競馬ができるし、長く改修をしなくてもそうも馬場状態が劣化しないという長所がある。

ダート競馬の先進国アメリカでも、初期には同様の馬場が使われていたが、能力に応じて馬を高く売るという競馬の目的のためには、よりスピードが出る馬場が求められ、粒状の「砂」ではなく、パウダー状の「ダート」が使われるようになった。そうしたパウダー・タイプのダートは雨が降るとぬかるみとなり、まるで沼の中で競走しているようなひどい馬場に変わってしまう。実際に昔のアメリカ競馬では、雨で競馬が中止になることも少なくなかったし、全くのぬかるみの中で競馬が行われることもあった。しかし、さすがはテクノロジーの国アメリカというべきだろう。さまざまな改良の後に、そうした難題を克服し、今では余程の集中豪雨にでも遭わない限り、ほぼ良馬場に近い状態で競馬を行えるようになっている。

現在のアメリカのダートコースはテクノ馬場というべきもので、人工的に馬の能力が最も発揮しやすい状態が常に保たれている。

パウダータイプのダートは雨が降るとぬかるみになり、まるで沼の中で競走をしているようであった。

## 004 大井のダートコースは重層構造

現在の大井のダートコースも、一種のテクノ馬場というべきであろう。戦後、大井競馬が開設された当初から、アメリカのダート競馬に範をとり、ヨーロッパに先駆けて、スターティング・ゲートを日本で最初に導入するなど、さまざまな面でアメリカ競馬の影響を強く受けてきた。

馬場もアメリカ競馬のような本格的なダートを目指してはきたのだが、なにぶんにも日本は降雨が多く、少なくともカリフォルニアのように雨の日は泥コースで我慢するというわけにはいかない。そこでアメリカでも降雨の多い地域で扱われてきた重層構造の馬場を採用し、水はけが良いように路盤には荒い礫を敷いて、その上に表層砂を浸透させずにクッションを保てるような粘着性のある土の層をつくり、さらにその上に走路の砂を入れるという日本型のダートコースが生まれた。

この日本型ダートコースは表層部が砂であるため、正しくはダートコースといえないものではあるが、ハローがけによって一定の深さを保てるので、競走馬がある程度のスピードを発揮できる。ゴール前で脚を残していた馬が追い込めるような、正しい能力競争ができる馬場となっている。しかし、アメリカでは降雨の多い地域でも本格的なダート競馬が行えるだけの技術が発達してきたので、大井競馬では馬場担当者が姉妹提携競馬場のサンタアニタで研修を受け、日本で初めての本格的ダートコース開発に取り組んでいる。

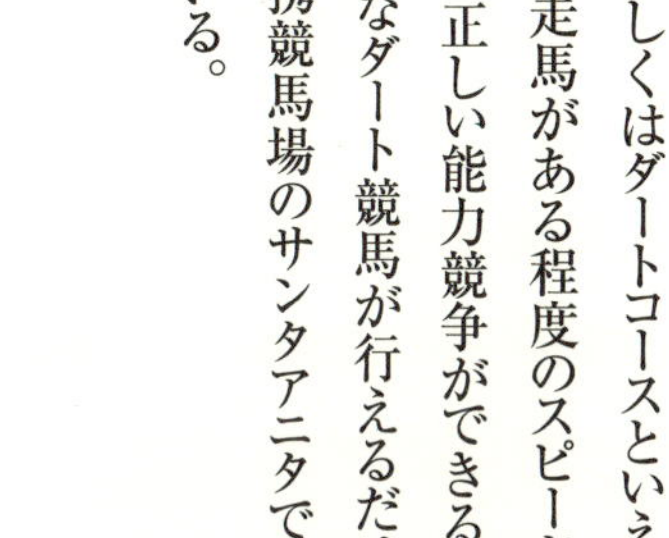

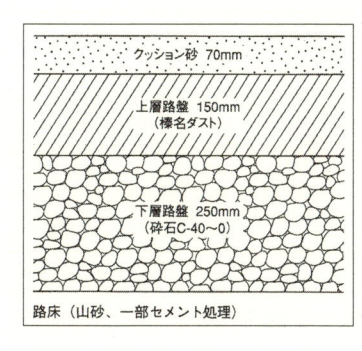


大井競馬場ダートコースの路床。

## 005 スタミナが要求される日本のダート競馬

ダート競馬といっても、アメリカ型のダートコース、大井競馬のような重層構造のダートコース、さらに純粋な砂コースでは競走馬の能力の発揮され方もかなり変わってくる。したがって、アメリカでダートコースで活躍してきた馬だからとか、アメリカのダートコースで特に成功してきた血統だからといって、必ずしも日本のダート競馬に向いているとは限らず、日本国内でも典型的な砂馬場のコースで競馬をしてきた馬が、大井のダートコースに強い適性をもっているとも限らない。

むろん、同じダートコースとしての共通性もあって、ピッチ走法とか、前躯での掻き込みの強さとか、一般にダート巧者といわれているような特徴は、根を張った芝コースのような足がかりのある馬場とは根本的に異なっているので、どのダートコースでも有効とはいえるだろう。

一方、根本的に違っているのはスピードで、アメリカ、アルゼンチンなど、多くの主要競馬国のダートコースは、芝コースよりも時計が速いのが普通である。日本の場合は芝コースの側も、根が浅い張り替え芝なのでタイムが速くなっているが、ダートの方はどうしても表層に重い砂を使っているので、世界のダート競馬の基準タイムよりも遅くなる。

それだけ、日本のダート競馬ではスピードよりも力強さが要求され、レース中のエネルギー消費も多いのでスタミナの優れた馬が活躍することになる。

1950年代の大井競馬場の風景。

## 006 日本型ダートコースの問題点

日本型のダートコースの問題点は、長期間にわたって良好な状態を保つのが難しいというところにある。排水のための礫と表層のクッション砂の間にある粘着性のある土の層へ次第に砂が入り込んでいって、やがてはコンクリートのように硬化してしまう。そうなればやたらとスピードは出るけれど、馬の脚部に対する衝撃が強くなり、骨折や腱炎の原因となる可能性が高く、そのような状態になると厩舎サイドから苦情が出るのが普通である。

開催の間隔が十分にある場合は路盤まで掘り起こして改修すればよいことではあるが、次の開催がすぐに続く場合とか、競馬場によっては予算不足であったりとか、さまざまな事情で改修できない場合には、応急処置として表層砂を追加することになる。これをくり返すと原始的な砂馬場と同じ状態になって、タイムのかかる走りにくい馬場となり、スピードの優れた馬よりも頑強でパワーのある馬が有利になる。

もう一つの弱点は、集中豪雨的な天候に見舞われた時に水分がうまく路盤へ流れず、表層の砂を流してしまうことで、極端なケースでは路盤が直接競走馬の脚を受け止めるようになる。この場合、走路が極端に硬いので、速いタイムが出るけれど、馬の脚にはかなりの負担がかかってしまう。

一般にダートコースでは重馬場になると速い時計が出て、スピード馬に有利となるのはそのせいといえよう。

1950年代の大井競馬場の風景。

## 007 ダートと芝、コース分化前はただの地面!?

現在の世界競馬はダートコースと芝コースに分かれていて、それぞれに専門のランナーがいるが、このように区別されて考えられるようになったのは、現在のようなテクノ・ダートコースが生まれてからで、それまでは両者ともに、ただの地面という考え方でしかなかった。イギリスでは馬が走るヒース野に芝草が生えていたので芝コースとなり、アメリカで馬が走る荒野には草が生えていなかったのでダートコースとなった。

最初は芝コースもダートコースも地面のままだったので、馬が走って芝が剥げていくと、自然にダートコースとなった。良い馬場というのはある程度の柔らかさのある走路で、悪い馬場とは雨が降らなくてカチンカチンになった固い走路だった。古い文献などにおける馬場に関する記述には、固い馬場に対する調教師の苦言が多い。

今もブエノスアイレスでは、芝コースのサンイシドロ競馬場と、ダートのパレルモ競馬場で、全く馬場の相違を区別することなくレースが行われていて、タイムもほぼ同じ、予想記事などにもダート適性などという考え方は存在しない。ほとんど年中開催しているサンイシドロ競馬場の芝コースは完全に剥げ落ちていて、ほとんどダートコースと変わらない状態になってしまっているからだろう。

日本でも昔は砂馬場だからという考え方は薄く、実際に芝馬場も荒れていて、軽快なスピードを求めることはできなかった。

パレルモ競馬場ダートコース。

ブエノスアイレスのサンイシドロ競馬場。芝コースだがラチ沿いは芝が剥げてダートのようになっている。

## *008* コース分化の背景——ホビー型と実用馬産型

芝コースとダートコースの分化には、ホビーとして発達したヨーロッパ競馬と、馬の売買を当初の目的の一つとしていたアメリカ競馬や、戦前の軍馬育成と戦後復興資金のためのギャンブルとして育った日本の地方競馬というような、それぞれの発展プロセスにも大きくかかわっている。

日本では中央競馬が芝コース中心、地方競馬がダート中心となっているが、これは中央競馬が戦前からの公認競馬であったのに対し、地方競馬のほとんどが軍馬資源保護のために特別に開催が認められていた道府県単位の競馬を受け継いでいるからで、ある意味ではホビー型のヨーロッパ競馬や中央競馬、実用馬産のためのアメリカ競馬や地方競馬という共通性を見出すことも可能だろう。軍馬として優秀なものは土の上を速く走らねばならないのが当然ともいえる。

戦前、戦中には地方競馬場が百か所以上もあったが、馬場は今のように砂に統一されているわけではなく、粘土、火山灰、黒ボクなどさまざまで、水沢、原町などのように芝コース（といっても草原というべきか）で開催されているところもあった。いずれも単に地面というべき走路で、それぞれの土地の土砂を馬が走りやすいようにならしたものであった。

中央競馬がヨーロッパ型の競馬を目指し、地方競馬がアメリカ競馬をモデルとして発展してきたのも当然と思われるが、今はヨーロッパ競馬が衰退し、アメリカ競馬が世界競馬の中心となっている。

東京競馬場芝コース。中央競馬はホビー型のヨーロッパ競馬と共通項が多い。

## 009 戦前・戦後の大井競馬事情

大井競馬の前身となった羽田競馬場は羽田空港近くの埋立地にあり、1928年に開設されて以来ずっと現在の大井競馬と同じような砂馬場で、1周1600メートルという地方競馬としては最大級の規模を誇る立派な馬場を持っていた。東京都（当時は東京府）にはもう一つ八王子に競馬場があって、こちらも1周1600メートルの立派なコースだったが、八王子競馬場は土と砂を混ぜた馬場を使っていた。羽田競馬場は戦後に現在の大井競馬場へ移り、八王子競馬は戦後にも開催されたが、間もなく大井競馬に統合されている。

戦前、戦中の地方競馬は年に8日開催のみで、公式な馬券発売は認められていなかったが、景品券という名目の実質的な馬券によって、ファンは賭けを楽しむことができた。現在のパチンコが景品という名目になっているのと同じようなものといえよう。8日の開催で平均七万人ぐらいの入場人員があったので、なかなかの盛況といえるだろう。

戦後になると、復興のための地方競馬の公式な開催が認められ、大井競馬は中央競馬や、競輪、競艇など他の公営ギャンブルと競いながらすばらしい繁栄を示した。開設当時は競走馬資源が不足していたので、オーストラリア、ニュージーランドから多数の競走馬を輸入しているが、ダート競馬のアメリカからではなく、芝競馬の国々から輸入したのが不思議ではある。しかし、それら豪サラは大井のダート競馬で大活躍した。

1950年大井競馬発足時の風景。

## 010 オーストラリアからの輸入馬が南関東で大活躍

敗戦と共に日本に進駐してきたのがアメリカとオーストラリアの軍だったので、日本の戦後体制はアメリカとオーストラリア政府の指導の下で形成されたが、両国ともに競馬に深い理解があったおかげで軍馬養成という「戦犯もの」の事業が戦後間もなく認められ、1948年には新競馬法による中央競馬と地方競馬が発足した。

当初は半血種や高齢馬を含む寄せ集めの馬によって、連日連闘するような劣悪な内容のものではあったが、1952年から中央競馬、東京都、兵庫県といった有力主催者や、それらの馬主会は戦勝国のアメリカ、オーストラリアへ購買班を送り込み、大量の競走馬を輸入した。それらは抽せん馬として馬主に配布されたが、芝競馬中心の中央競馬がオーストラリア、ニュージーランドと、アメリカの両方から輸入したのに対し、ダートの大井競馬は芝競馬のオーストラリアから輸入している。しかも芝向きのはずのオーストラリア馬は南関東のダート競馬で大活躍し、ミッドファーム、オパールオーキッド、ファストロといった日本チャンピオン馬を送り出した。南関東の重賞体系が整備されたのは1955年で、早い時期に中央に転戦して天皇賞馬となったミッドファーム、オパールオーキッドは現在の南関東重賞を勝っていないが、天皇賞3着に終わったファストロは南関東に戻って7歳まで大活躍し、当初は古馬戦だった浦和競馬でのニューイヤーCの第1回勝馬となっている。

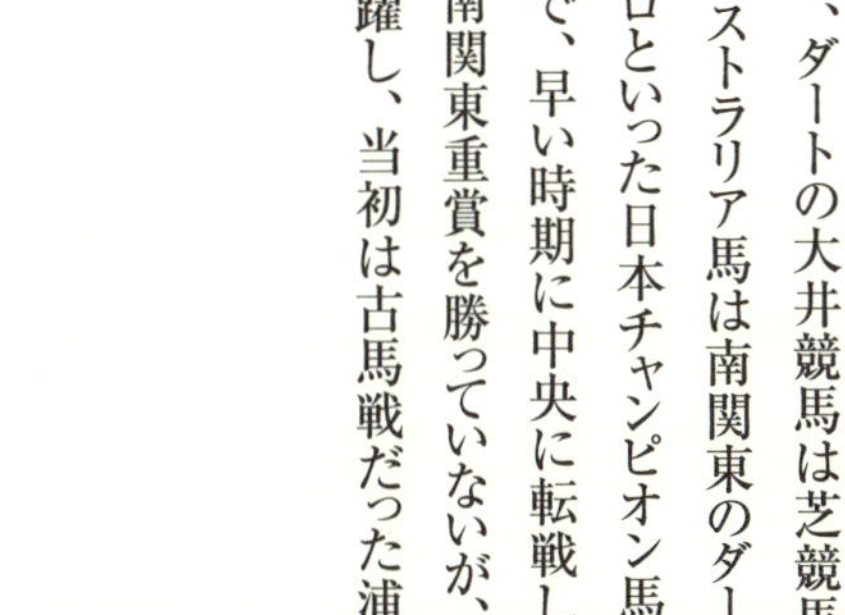

開設期の浦和競馬場

*011*

# 当時最大のレースは「春の鞍」「秋の鞍」

大井競馬の重賞体系が整備された頃の最大のレースは「春の鞍」と「秋の鞍」だった。後に春の鞍は「東京ダービー」に、秋の鞍が「東京大賞典」に改名されて今日に至っている。同じ年の東京優駿の1着賞金が2000万円、天皇賞が1500万円だったのに対し春の鞍、秋の鞍は1000万円の1着賞金だったから、最初から中央の大レースに対抗できる存在でもあった。

他に、八王子記念、ワード賞、羽田盃、新春盃、ベストスプリンタといった重賞も生まれているが、八王子記念は大井記念に発展し、新春盃は後に重賞から格下げされている。ワード賞はこうした重賞が設定される以前から行われていて、実質的には春の鞍、秋の鞍の前身となるものだったが、ワード賞の名で改めて重賞に位置づけされたものの、翌年からは大井金盃と名を改め、ワード賞はアングロアラブの最大のレースの一つとして残された。

大井競馬がオーストラリアから輸入したオパールオーキッドは、重賞となる前のワード賞を3度勝ち、4歳秋から中央に転じ、人気薄で出走した天皇賞を快勝した。同じ年に川崎競馬出身のゴールデンウェーブが東京優駿を勝っており、その3年前にも川崎のキヨフジが優駿牝馬を勝っている。

そのように南関東の一流馬が中央に転戦することが、南関東の重賞体系の整備を促したともいえるが、同時に南関東競馬の存在を全国に知らしめることにもなった。

1955年「第1回秋の鞍(現東京大賞典)」ミスアサヒロ(父月友、母昇嶋)。

## 012

# ダート競馬の夜明けを告げる中央転戦馬の活躍

ミッドファームもオーストラリアからの輸入競走馬として南関東で大活躍し、4歳秋に中央競馬に転じると、常に60キロ台を背負って勝ちまくり、翌年の春の天皇賞でヒデホマレを負かし、第1回中山グランプリでもメイジヒカリ、キタノオーに次ぐ3着となった。

ミッドファームの父ミッドストリームは偉大なブランドフォードの直仔で、3年間オーストラリアのリーディングサイヤーに君臨した大種牡馬だから、当時の大井競馬の購買班がよく買えたものと思えるほどの良血馬だった。大井競馬の豪サラが大活躍したのも、そのような質の高い競走馬を選んだためと考えられ、能力の高い馬ならダートコースでも、芝コースでも大活躍できるということでもあるだろう。

このように南関東のダート競馬で育った馬たちが、次々と中央競馬の大レースを勝ちまくることで日本のダート競馬の本格的な歴史が始まった。

少なくとも競馬関係者の間では春の鞍や秋の鞍を勝った馬が、日本のダート競馬のチャンピオンと考えるようになり、その間に少しずつではあるが、ダート競馬に適した馬、ダート競馬に適した血統といった考え方が育っていき、ダート競馬に向いた馬なら南関東で競馬をさせるというような選択も生まれるようになっていった。そして、特定の血統の競走馬が南関東の重賞戦線で大活躍し、東海競馬や北海道競馬でも同様の現象が認められるようになっていく。

ミッドファームは南関東から中央競馬に転じてからも、1956年第34回天皇賞（秋ＧＩ）1着ほかの活躍をみせた。

# 013 「全日本2歳優駿」が送り出した数々の名馬

1955年に南関東の重賞体系が整う以前から、現在もGIレースとして継続している川崎競馬の「全日本2歳優駿」は行われていた。1950年からずっと年に一度の開催を守ってきたダート競馬最古の重賞競走で、最初から全国の地方競馬の競走馬に出走権を認めた先駆的なレースでもあった。

そして、このレースの勝馬からサチフサ、ネオンタカラ、ダイゴホマレ、オンスロート、ユキロウ、セルコール、ヒカルタカイ、スピードパーシア、シタヤロープといった名馬が次々と育っていき、日本のダート競馬の栄光の歴史が築かれていった。

特に第4回の勝馬ネオンタカラはゴールデンウエーブの名で東京優駿（日本ダービー）を勝ち、その4年後の勝馬ダイゴホマレもまた東京優駿を制覇して、本格的な活動を始めて間もない地方競馬が、すでにハイレベルの素質馬を擁していることを証明した。

興味深いのはゴールデンウエーブとダイゴホマレの父がともにミナミホマレであった点で、ミナミホマレ自身も東京優駿に勝っていたため、当時の最高のダービー血統となった。ミナミホマレは他に優駿牝馬のジツホマレも出しているので、2400メートル戦に特に強いといえよう。ネオンタカラは南関東で7戦6勝の後に中央へ転戦し、皐月賞では凡走した。ダイゴホマレも南関東で8戦8勝の後に中央へ転戦して、皐月賞では3着に負けている。

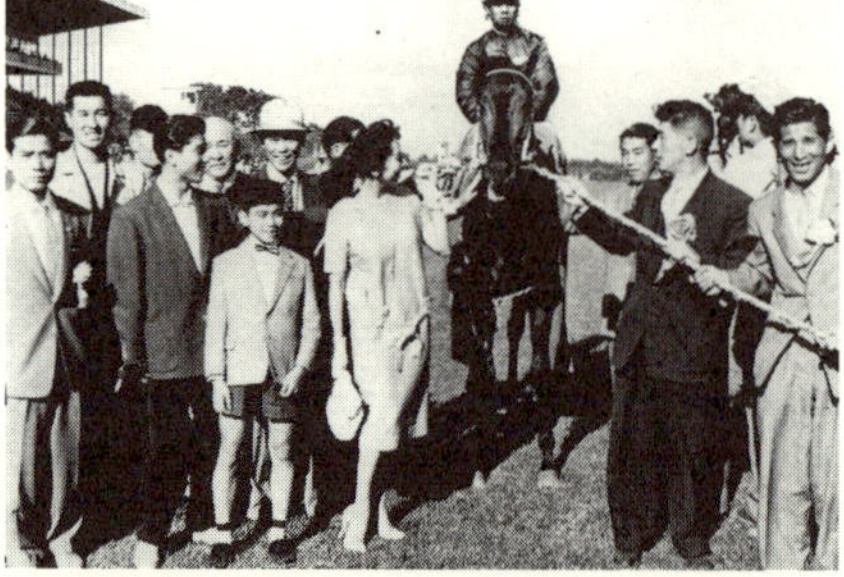

1958年「第25回日本ダービー」ダイゴホマレ（父ミナミホマレ、母トキフジ）。

# 014 一時期の南関東を支配したプリメロ系の産駒

ゴールデンウエーブとダイゴホマレはともに南関東で快進撃し、皐月賞では負けたものの東京優駿を快勝しており、こうした類似性は、共通の父ミナミホマレから受けたものと考えられる。

当時はまだ血統というと、個体識別のための登録としてか、あるいはよく走る血統としての良血とそうでない血統という優劣関係としてのみ理解されていたが、この頃にイギリスの雑誌で連載を始めたフランコ・ヴァロダの「競走馬のタイプ学」は血統を競走馬の個性理解に役立つものとして扱った画期的な論文だった。

確かにミナミホマレ産駒は仕上がりが早く、ダートコースにも芝コースにも向き、短距離レースと長距離レースでは活躍するが、中距離レースでは少し劣っているという共通性を持っている。

ミナミホマレの父はアイルランド・ダービー馬プリメロだが、そのプリメロの直仔オートネ、ハツユキは2年連続して春の鞍(後の東京ダービー)を勝っており、ミナミホマレ産駒の特徴は、さらに祖先のプリメロから受けたものであることがわかる。プリメロの父系はミナミホマレ以外にも、トサミドリ、ハクリヨウ、クリノハナ、シマタカなどを通じて多くの活躍馬を送り出し、特にダート競馬ではシマタカ産駒のダイサンコトブキ。トサミドリ産駒のイチカントー、サキミドリ、オリオンホース。クリノハナ産駒のタカマガハラなど次々とダート競馬の名馬が出て、一時期の南関東を支配していた。

1956年「第2回春の鞍(現東京ダービー)」オートネ(父プリメロ、母キャラバン)。

## 015 ダート向き血統・芝向き血統

プリメロはすばらしい種牡馬で芝コースの活躍馬も多く出したが、ダート競馬での成績はさらにすばらしく、プリメロの仔のトサミドリ、ハクリヨウ、クリノハナ、シマタカなどもすばらしい種牡馬成績を残し、昭和30年代前半の地方競馬では、活躍馬のかなりのパーセンテージがこれらプリメロ系の産駒で占められていた。同じ頃に芝競馬ではライジングフレームが種牡馬ランキング（当時は中央競馬だけしか種牡馬統計がなかった）の1位に君臨し続けていたが、ライジングフレームはほとんどダート競馬での活躍馬を出していない。つまり、ダート競馬向きと芝競馬向きの血統があるといえるだろう。

プリメロ系の場合は芝競馬でも強いので、ネオンタカラ、ダイゴホマレ、タカマガハラのように、芝での名馬も続出したが、ダート競馬では非常に強いのに芝競馬では全くだめという馬も少なくなかった。

おそらく関係者の間でダート向きの血統という考え方を少しでも意識し始めたのは、この頃ではないかと思われる。今もジェイドロバリー、スキャンといった種牡馬の仔はダート競馬で特に好成績を残していて、今はダート競馬だけのリーディングサイヤー統計もＪＢＢＡによって作成されるようになり、どんな血統がダート競馬に向いているかを考えるのも難しくない。ただ、それはあくまでも砂を使った日本のダート競馬向きということで、アメリカなどのダート競馬に向くとは限らない。

1957年「第3回秋の鞍（現東京大賞典）」イチカントー（父トサミドリ、母フジヨシ）。

- プリメロGB1931
  - ミナミホマレ1939（芝・東京優駿）
    - ネオンタカラ＝ゴールデンウェーブ1951（全日本2歳優駿、芝・東京優駿）
    - ダイゴホマレ1955（全日本2歳優駿、芝・東京優駿）
  - トビサクラ1942
    - ハクチカラ1953（芝・ワシントン・バースデーH、東京優駿、有馬記念）
  - シマタカ1944
    - ダイニコトブキ1955（東京ダービー、東京大賞典）
  - トサミドリ1946（芝・皐月賞、菊花賞）
    - イチカントー1953（東京大賞典、川崎記念）
    - キタノオー1953（芝・菊花賞、天皇賞・秋）
    - ガーネット1955・牝（芝・有馬記念、天皇賞・秋）
    - コマツヒカリ1956（芝・東京優駿）
    - ホマレボシ1957（芝・有馬記念）
    - マツカゼオー1957（芝・朝日杯フューチュリティS）
      - マルサンファイヤ1970（東京王冠賞）
    - サキミドリ1958（東京大賞典、川崎記念）
    - オリオンホース1960（東京大賞典）
    - アシヤフジ1964（東京大賞典、川崎記念）
  - クモノハナ1947（芝・東京優駿、皐月賞）
  - クリノハナ1949（芝・東京優駿、皐月賞）
    - クリペロ1955（芝・天皇賞・春）
    - タカマガハラ1957（芝・天皇賞・秋）
  - ハクリュウ1950（芝・菊花賞、天皇賞・秋）
    - ヤマノオー1959（芝・皐月賞）
  - オートネ1953（東京ダービー、羽田盃）
  - ハツユキ1954（東京ダービー）

*レース名はレース内容が継承されていれば現在の呼称を用いている。

1957年「第3回春の鞍（現東京ダービー）」ハツユキ（父プリメロ、母マヤホープ）。

## 016

# 種牡馬成績でも実証、名馬トシハヤ

日本のダート競馬で、記録が残っている最初の名馬はトシハヤだろう。2歳時に国営競馬でデビューして、3歳春までに10戦1勝という貧弱な成績を残しただけだったが、南関東に来てからはタフに活躍し続け、7歳までに125戦36勝、2着22回という堅実な成績を残した。まだ重賞体系が整備されていなかった時代だが、ワード賞、川崎記念各5回、キヨフジ記念3回、金の鞍3回といった当時の開催単位の特別戦を勝っており、ほとんどの南関東競馬の開催で出走し続けた。当時の南関東競馬の競走馬のレベルは、まださほど高くなかったが、トシハヤの優秀さは種牡馬成績によって実証されている。

トシハヤは、今もワカオライデンを繋養して多くのダート競馬の名馬を送り出している吉田牧場で種牡馬となり、優駿牝馬のタイカンや、南関東の名馬ダイサンコトブキを送り出した。

ダイサンコトブキはタカマガハラ、オンスロートと同じ南関東最強世代の馬で、大井盃（現在の羽田盃）と春の鞍（現在の東京ダービー）でオンスロートを負かし、この世代の南関東3歳馬の頂点に立った。負かしたオンスロートは後に中央競馬で天皇賞、有馬記念を勝っているので、ダイサンコトブキの2冠（当時は東京王冠賞に相当するレースはなかったので2冠でパーフェクト勝ちだった）は並のタイトルではない。トシハヤの強さはダイサンコトブキによって再現されたといえよう。

トシハヤ（父大鵬、母安優、1948〜1971）の優秀さはその種牡馬成績によって実証された。

## 017

# レースに名を残す最初の名牝キヨフジ

牝馬のトシハヤとともに、地方競馬の最初の名牝となったのは、最近まで重賞レースに名を残していたキヨフジで、川崎の抽せん馬として3歳2月までに20戦10勝して国営競馬に移り、優駿牝馬など18戦6勝でこの世代の牝馬チャンピオンとなると、4歳から再び南関東で出走し、牝馬ながら時には60キロ以上のハンデを背負って活躍し続けている。川崎記念3回、ワード賞2回（今のような重賞ではなく、年に何回も行われた）83戦23勝という成績は歴史的な名牝と呼ぶに相応しいものといえよう。この馬が現役の時代に川崎競馬ではキヨフジ記念というレースを行うようになり、最初は川崎記念よりも格下の特別戦でしかなかったが、重賞体系が整備された1955年には、川崎競馬の重賞に位置づけられた。

同じようにゴールデンウエーブ記念レースも誕生したが、こちらは1959年を最後に打ち切られ、現在のダートグレード競走で馬名を冠した重賞はオグリキャップ記念、ダイオライト記念、ホクトベガメモリアルの3レースだけとなっている。

キヨフジの父は国営競馬のリーディングサイヤーとなったクモハタで、芝コースでも活躍できたのはもともと芝競馬に向いた血統でもあったからだろう。

トシハヤとキヨフジは同じ年の生まれで、未成熟な時代の地方競馬の名馬ではあるが、地方競馬とダート競馬の最初の名馬、名牝として重要な礎となった。

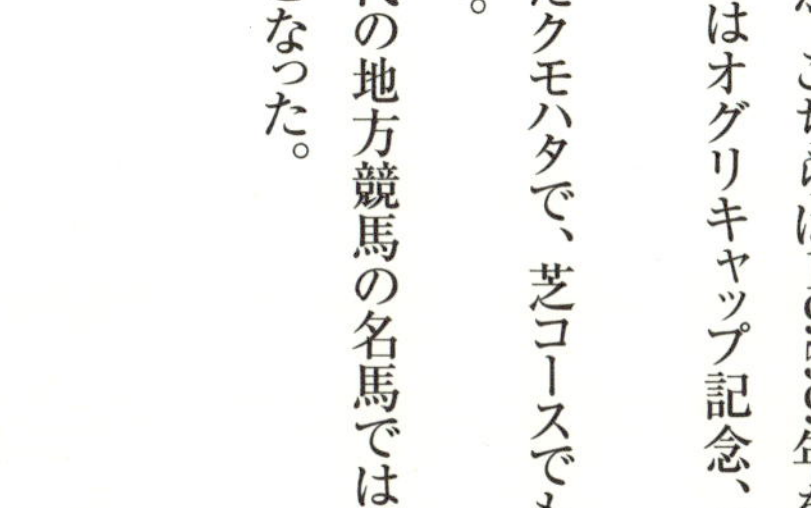

2001年「第48回エンプレス杯（旧キヨフジ記念）」オンワードセイント（父リンドシェーバー、母オンワードメモリー）。

## 018 生粋の大井っ子、ハイセイコー

戦後の日本競馬で最も多くの人々に愛されたハイセイコーが、2000年5月4日に30歳の高齢で死亡した。新冠の名門武田牧場で生まれたが、母は大井競馬の快速馬として大活躍したハイユウで、その母ダルモーガンも戦後、大井競馬がオーストラリアから輸入した抽せん馬だったから、生粋の「大井っ子」といってもよいだろう。父もリーディングを争っているチャイナロックという良血馬だったし、実に立派な馬体をしていたので、生まれて間もなく将来のダービー馬として週刊誌に紹介されたほどだった。

2歳7月に大井競馬でデビューすると、1000メートル戦を59秒4のコースレコードで圧勝し、その後も常に大差をつけて青雲賞まで6連勝を続けた。1走ごとにハイセイコーの名は多くの人々に知られるようになり、3歳になって中央に転戦したときには「怪物」と呼ばれて、すでに大スターとなっていた。弥生賞、スプリングSと勝ち進み、皐月賞に出走すると、中山競馬場全体がラッシュ時の通勤電車のような状態で、人波がスタンド方向や馬場方向に寄せては返すので、いつ大事故になるかとはらはらしたものだった。ハイセイコーはこのレースを圧勝して、続くNHK杯まで10連勝を記録した。「怪物なんていうから観に来たけれど、ただの馬じゃない」と、ある観客がいったと伝えられている。そのように競馬を知らない人々まで中山競馬場に集まっていたことを示すエピソードといえよう。

1972年7月12日サラ3歳新馬戦のハイセイコー。

## 019 勝っても負けても圧倒的な人気

ハイセイコーは圧倒的人気で挑んだ東京優駿で、タケホープとイチフジイサミに負けて3着となった。ここまでほとんどの重賞に出走するという過密スケジュールだったので、さすがに疲労が出たのだろうと思われた。したがって、この時点ではハイセイコー神話が崩れることもなかったのだが、秋になって京都杯でトーヨーチカラに負け、菊花賞はタケホープの2着。有馬記念もストロングエイトの3着に敗退すると、ハイセイコーの人気は複雑なものとなった。負け続けるハイセイコーに同情して、さらに熱烈にハイセイコーを支持するファンもあれば、それでもハイセイコーは強いんだと、カリスマ的な信仰を抱く人、一方でそのぐらいの能力と冷めた見方をする人もいて、そうした論議がさらにハイセイコー人気を高めていった。4歳時の中山記念では、久々に直線で大きく引き離してハイセイコーが楽勝した。負かした馬の中にはタケホープの名もあった。そして、天皇賞・春で大敗した後には宝塚記念と高松宮杯を連勝し、ハイセイコーはどうにか威厳を取り戻すことができた。この年も秋には負け続けたけれど、もうハイセイコーの人気にかげりが出ることはなく、勝ち続けなくてもハイセイコーは圧倒的な人気馬であり続けた。

引退と同時に発売された増沢末夫騎手（現調教師）の歌「さらばハイセイコー」は大ヒットして、競馬場を去ったハイセイコーの面影を人々はいつまでも追い続けた。

生粋の“大井っ子”ハイセイコー。1973年第33回皐月賞ＧⅠ。3歳になって中央競馬に転戦したときにはすでに「怪物」と呼ばれていた。

## 020

# 2400メートル以上では全敗

ハイセイコーは2400メートル以上のレースで全敗しており、明らかに長距離が苦手だったといえよう。2200以下では2度負けただけで、それも比較的軽いレースだった。父のチャイナロックは多くの名ステイヤーを出したが、母の父カリムは短距離馬を多く出し、長距離をこなした産駒はほとんどいなかった。

とても大きな馬で、フットワークが大きく、他の馬が2完歩で走るところをハイセイコーは1完歩で走っているぐらいに見えた。大飛びだと長距離が苦手というわけではないが、大飛びでスタミナに限界があると、長距離戦ではどのような展開になっても苦戦するはずだ。1600メートル以下ばかり走っていれば、おそらくほとんどパーフェクトなレースを続けたに相違ない。

当時はまだ短い距離の大レースが少なく、ハイセイコーが名馬と呼ばれるには長距離での成功が不可欠だった。大井競馬での圧倒的な強さから推測してダートコースは得意だったと思われるが、当時は今のように交流レースが多くあるわけではなく、ハイセイコーが4歳の時に初めて大井で中央競馬招待競走が行われたが、そのレースでは大井時代の2番手だったゴールドイーグルが勝っている。

今のように適した距離、適したコースでそれぞれにチャンピオンとなる道があれば、ハイセイコーは間違いなく人気に相応しい成績を残せただろう。距離体系の重要さはそこにある。

1972年「第5回青雲賞（現ハイセイコー記念）」を勝ったハイセイコー（高橋三郎騎手騎乗）。

## 021 輝かしい種牡馬成績

ハイセイコーは新冠の明和牧場で種牡馬となり、その後はずっと明和牧場の専用馬房で生涯を過ごした。種牡馬となってからも気の強さは変わらず、いつも忙しく黒い巨体を動かし続けていた。多くの人々がハイセイコーを観るために明和牧場を訪れ、中にはマナーの良くない人もいたために、さまざまなトラブルも発生した。馬産地で見学者のための対策が講じられるようになったのもハイセイコー以降であった。

ハイセイコーの種牡馬成績はすばらしいもので、東京優駿のカツラノハイセイコ、皐月賞のハクタイセイ、エリザベス女王杯のサンドピアリスなど、多くの活躍馬を出したが、特にダート競馬ではキングハイセイコーとアウトランセイコーの2頭が羽田盃と東京ダービーという南関東のダブルクラウンを獲得し、ライフタテヤマ、セイコーリマン、ワイドセイコーなどもダート競馬で大活躍している。

これらの活躍馬からも、カツラノハイセイコはユウミロク、ハルナオーギなどを出し、キングハイセイコーはダート重賞で大活躍したスノーエンデバーを出した。

1995年には高齢のために種牡馬活動から引退していたハイセイコーだが、その孫は今も競馬場でハイセイコー血統らしい走りを続けている。スノーエンデバーのように連戦連勝するイキの良さこそ、ハイセイコー系の最大の特徴と思う。子孫がさらに代を重ねて発展していってほしい。

1999年「第11回ブリーダーズゴールドカップ（GⅡ）」スノーエンデバー（父キングハイセイコー、母スターランズ」。

## 022

# ハイセイコーの成功は出世物語？

地方競馬出身のハイセイコーが出世物語として人気を集めた点については当惑を禁じえない。中央競馬と地方競馬は、それぞれ別個の競走馬登録と競走体系で行っていて、2つの国の競馬のような関係にあり、イギリスの馬がより賞金レベルの高いアメリカ競馬で活躍しても出世物語にはならないのと同じだと思う。

もともとハイセイコーは名門牧場で名牝と名種牡馬の間に生まれたエリートだったし、むしろ東京優駿で負けて明らかに評価を下げた。苦労知らずの若者が初めて知った挫折感というのが正しい寓意ではないだろうか。

もしハイセイコーの時代に今のような交流レースがあれば、おそらく中央競馬に転厩する必要もなく、ダート競馬を中心に中距離までさらに完璧な成績を残せただろう。

ハイセイコーが3歳を迎えたとき、中央競馬で地方競馬招待競走が行われ、翌年には大井競馬で中央競馬招待競走が行われた。それが現在の中央、地方の交流戦の幕開けとなり、やがては中央、地方を統合したダート競馬グレード体系へと発展していく。

ハイセイコーの活躍がそうした交流レースを設ける契機となったわけではないが、そうしたレースを成り立たせる環境を育てたとはいえるだろう。ハイセイコーの後にオグリキャップ時代を経て、アブクマポーロ、メイセイオペラ、トーシンブリザードのような、地方在厩のまま活躍する時代に至る。

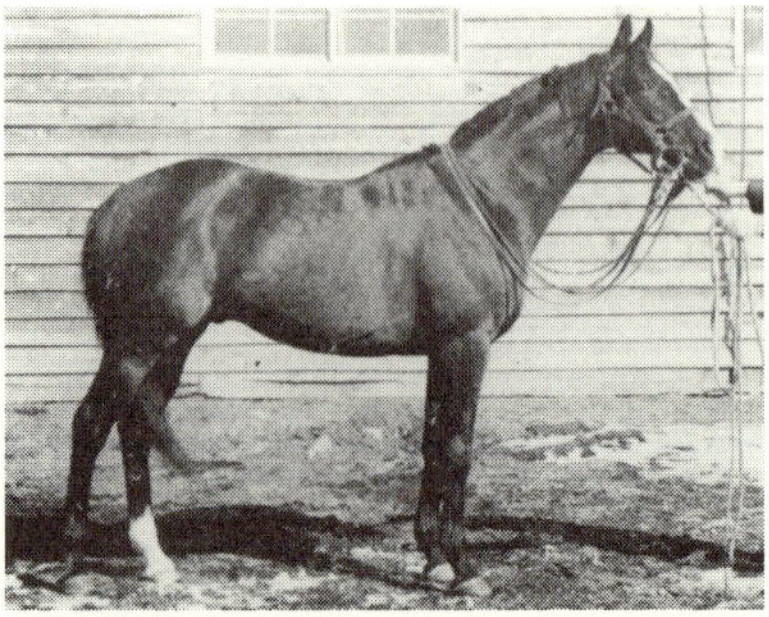

ハイセイコーの母父カリム（父ネアルコ、母スカイラーキング、アイルランド産、1953～1979、13戦4勝）。

## 023 血統の威力を知らしめたチャイナロック産駒

ハイセイコーの父チャイナロックはプリメロ系の後の時代の最強ダート血統で、当時からダート競馬のリーディングサイヤー統計が出ていたら、かなりの期間にわたってトップを続けていただろう。

最初に大活躍したのはヤシマナショナルで、ハイセイコーとは逆に中央から南関東に移り、大井記念、東京大賞典、東京オリンピック記念（現在の東京記念）、東京盃などに勝ちまくった。東京オリンピック記念では62キロものハンデで勝っている。シントー、フシミカブト、チャイナーキャップ、チャイナスピード、チャイナセブン、チャイナホープ、ミツルオー、ライトファスト、クラフトケルンといったチャイナロック産駒が次々と南関東の重賞で勝ち名乗りをあげていくと、もう重賞競走ではチャイナロック産駒を買っていれば間違いがないといわれるほどで、当時の大井競馬のファンは否が応でも血統の威力を知らされることになった。

ハイセイコーが出現したのはそんな時期で、チャイナロック産駒ブームの真打ちとして登場している。それだけに、ハイセイコーには南関東地方競馬のシンボルとしての印象が強かったとは思う。おそらくそれが、地方出身の出世馬的な誤解を呼ぶことになったのではないだろうか。今でもハイセイコーには地方競馬の誇りを背負って戦い続けたという印象が残されている。ほとんどの活躍の舞台が中央であっても、ハイセイコーはあくまで大井競馬の馬だった。

1971年「第15回東京大賞典」ヤシマナショナル（父チャイナロック、母スモールドオター）。

# チャンピオンシップ確立への道程

## 024 チャンピオン戦創設前夜

競馬が勝ち負けを争うスポーツである以上、最強馬を追求するチャンピオンシップの理念が基本となるのは当然といえよう。しかし帝王賞が日本における最初のダート競馬チャンピオン戦になるまでの道程はかなり長かった。

帝王賞は1978年に創設された比較的新しいレースで、当時は大井競馬の高度成長期にあり、秋の東京大賞典と並ぶ春の大レースとして、2800メートルの長距離戦でスタートした。時期的に出走馬が成長期にあって、2回のハツマモル、3回のカツアールなど、このレースから次々と大物が育っていき、南関東の大レースとして定着するのに時間はかからなかった。

まだ、中央と地方の交流はむろんのこと、地方競馬どうしでも他地区との交流戦はわずかで、北海道の馬が冬場に南関東のレースに出走するには短期転厩の手続きがとられていたし、岩手競馬のタガワ3兄弟といわれた馬たちも、同様に南関東へ転厩して活躍している。

帝王賞の創設に先立って、1973年には中央競馬に地方競馬招待競走が誕生し、翌74年に大井で中央競馬招待競走が生まれて、その後も交互に交流レースが続けられるようになっていた。中央での地方競馬招待競走は芝コースで行われたが、大井の中央競馬招待競走は日本で最初のダート競馬でのチャンピオンシップとなった。計6回行われた中央競馬招待競走はすべて地方の馬（南関東と東海）が勝っている。

1978年「第1回帝王賞」ローズジャック（父アポツスル、母イチシンヒカリ）。

## 025

# 日本初のチャンピオン戦、帝王賞

中央競馬招待競走と地方競馬招待競走は隔年で行われていたので、正規の重賞と認められていず、また必ずしも常に最強クラスが出走するというわけでもなかった。それでも中央競馬招待競走で地方の馬が勝ち続け、中央側の地方競馬招待競走にはリュウアラナス、テツノカチドキなどが勝っていて、地方競馬側が断然優位に立っていた。

そうなると本格的な交流競走を望む声が高くなって当然といえよう。

1985年で中央競馬招待競走と地方競馬招待競走は廃止され、翌86年には大井のチャンピオン戦の一つであった帝王賞が距離を2000メートルに短縮されて、中央競馬からの出走も可能なレースとなった。ここに至ってようやく日本のダート競馬のチャンピオンシップが確立したといえるだろう。中央側ではサンケイ賞オールカマーが地方競馬招待競走となったが、こちらはジャパンCへの出走馬選考を兼ねた芝コースでのレースなので、同じ交流レースといっても帝王賞とはかなり意味の違ったレースとなった。

1989年にはアメリカのブリーダーズCのシステムを導入して、北海道競馬でブリーダーズ・ゴールドCが開催され、ダート競馬での2番目の日本チャンピオン戦となった。第1回ブリーダーズ・ゴールドCでは、帝王賞を勝った東海競馬のフェートノーザンが2つのダート最強戦を連覇した。

1989年「第12回帝王賞」フェートノーザン（父フェートメーカー、母アメリカンノーザン）。

## *026* 統一ダートグレードの誕生

ダート競馬における最初の日本選手権レースとなった帝王賞は、テツノカチドキ、チャンピオンスター、フェートノーザン、ハシルショウグンといった名馬を次々と送り出し、日本におけるダート競馬の地位を大きく向上させていった。

それまでの地方競馬の地位といえば、ゴールデンウエーブ、ダイゴホマレの東京優駿勝ちや、オンスロート、ヒカルタカイ、ハイセイコー、ロッキータイガーなどの芝コースにおけるチャンピオンシップレースでの活躍によって築かれてきたもので、地方競馬そのものへの評価というより、地方競馬における個々の競走馬への評価という面が大きかった。

しかし、帝王賞のチャンピオンシップ化によって、地方競馬の拠点として、ダート競馬そのものへの評価が大きく変わっていき、ブリーダーズ・ゴールドCに続いて川崎記念も全国的なチャンピオンシップを導入し、ダービーグランプリのような地方競馬の中での全国規模のレースも次々誕生していくと、ダート競馬の重賞競走の体系化が求められるようになっていった。

1995年にはJRAとNARの間にダート競馬の統一グレード設定の合意ができて、東京大賞典など多くのレースが全国規模のチャンピオンシップレースへと転換した。そして1996年にダート競走格付け委員会が発足し、一気にダート競馬の全国的な競走体系ができあがった。帝王賞はむろんGIに認定されている。

1997年「第20回帝王賞」コンサートボーイ（父カコイーシーズ、母コンサートダイナ）。

# 027 帝王賞馬が再認識させたダート競馬の素晴らしさ

帝王賞は日本のダート競馬における最初のチャンピオンシップレースとして栄光の歴史を歩んできたが、実際に勝馬のレベルの高さでも、間違いなく日本の競馬で最高のレースの一つといってもよいだろう。ここ数年のダート競馬で最強というべきライブリマウント、ホクトベガ、アブクマポーロ、メイセイオペラなどが、すべて勝馬に名を連ねているのは帝王賞だけで、最強クラスの馬が確実に出走し、しかも力を出し切って勝っている。

競馬では馬券の楽しみが重要な要素となるので、本命馬が勝ち続けるレースだけが望ましいというわけではないけれど、強い馬が勝つという基本がなければ、馬券そのものの楽しみも大きく低下するだろう。特に帝王賞のようにチャンピオンシップを争うレースでは、強い馬が力を出し切ることでレースへの信頼が高まり、そんなレースだからコンサートボーイのような穴馬が勝っても、コンサートボーイの強さが認められることになるともいえよう。

そしてまた、ホクトベガ、アブクマポーロ、メイセイオペラといった馬が、あちこちの競馬場で勝ち続けることで、ダート競馬が競走馬の能力の争いとして正当なものであると認められることにもなる。実際にこれらの名馬の出現が日本の競馬関係者、競馬ファンのだれにもダート競馬のすばらしさを再認識させたのではないだろうか。帝王賞に始まったダートのチャンピオンシップの意義はそこにあると思う。

1997年「第46回川崎記念」前年に続き2連勝のホクトベガ（父ナグルスキー、母タケノフアルコン）。

## 028 大スターが誕生しやすく、意外性もあるダートの魅力

ダート競馬のグレード体系が生まれて判明したことも多い。その一つはホクトベガ、アブクマポーロ、メイセイオペラのようなとてつもなく強い馬が出やすいという点だ。これらほどでなくても、ファストフレンドとか、ニホンピロジュピタとか、トーヨーシアトルのような馬も、一時期であるとか相手関係によってとかいった条件のもとでは、まず負けようのないレースを続けており、そうした馬の出現率は芝コースよりもかなり高いように思う。

これはヨーロッパの芝コースとアメリカのダートコースの場合にもいえることで、アメリカ競馬には毎年のように大ヒーローやヒロインが誕生している。レース展開に左右される面が少なく、強い馬のレースでは自然と差がついていくことが多いので、それだけ高い能力の馬が力を発揮しやすいといえるのだろう。

もう一つの要素は、どんな強い馬でもパーフェクトに勝ち続けることが難しい点で、実際にアブクマポーロもメイセイオペラも、意外な敗北を何度か経験している。これもアメリカのダート競馬に全勝馬がわずかしかなく、セクレタリアトやマンノウォーのような馬ですら、理由がはっきりしないまま負けたレースがあるという点でダート競馬の特徴といえるように思う。

そして、それがまたダート競馬の魅力の一つともなっているのだろう。大スターが誕生しやすく、それでいて意外性もある。

1998年「第44回東京大賞典」アブクマポーロ（父クリスタルグリッターズ、母バンシューウェー）。

## 029 グレード体系の確立によってもたらされた大きな変化

帝王賞が日本で最初のチャンピオンシップ戦となってから、まだ15年程度しか経っていない。ダート競馬のグレード体系が誕生してからはまだ6年しか経過していない。

それまでの30年近いダート競馬の歴史は、ほとんど各地域や主催者の枠の中でのみレースが続けられてきた。その間はダート競馬のチャンピオンシップに対する理解も希薄だったし、距離体系の認識や、ダート競馬の血統や、スターホースを育てるという考え方も不足していた。むろんダート競馬のための馬産も、ダート競馬のための調教方法も、ダート競馬の生産統計も、何もかも十分なものとはいえなかった。

しかし、ダート競馬のグレード体系が誕生して数年の間に、そうしたもののすべてに大きな変化があった。ホクトベガ、アブクマポーロ、メイセイオペラといった馬の人気は、芝競馬のスターホースをしのぐほどだし、ダート競馬での活躍馬が馬産地で種牡馬として大きな人気を得るようにもなった。ダート競馬のリーディングサイヤー統計も発表されるようになり、ダート競馬で傷めやすい前脚の球節や管はバンテージで保護されるようになり、一定ペースでステディな走りをさせるアメリカ式調教方法も普及してきた。

おそらく今後さらにダート競馬のさまざまな技術が開発されていくことだろう。そしてファンの側でも、今までは知らなかったダート競馬の楽しさを理解していくのではないかと思う。

1999年「第22回帝王賞」メイセイオペラ（父グランドオペラ、母テラミス）。

## 030 アメリカにおけるクラシックレースの系譜

ダート競馬における世界最初のクラシックレースは、1864年にサラトガ競馬場で開始されたトラヴァーズSで、現在もアメリカ競馬の最も重要な3歳レースとして知られている。当初は距離が1 3/4マイル（約2900メートル）だったから、イギリスのセントレジャーに近いレースだった。

その3年後にはジェロームパークにベルモントSが創設され、同じジェロームパークに1マイルのウィザーズSができた時に、アメリカ、というより、ニューヨークのイギリス型三冠レースが完成した。

さらに6年後にピムリコのプリークネスSが誕生し、その2年後にはチャーチルダウンズのケンタッキー・ダービーも生まれたが、いずれも当初はカントリーサイドのレースで、現在のような全米から最強馬が集まってくるというわけではなかった。しかし、やがて有力オーナーによるメリーランドやケンタッキーでの馬産が盛んになると、プリークネスSやケンタッキー・ダービーが人気を呼ぶようになり、1935年に評論家のチャールズ・ハットンがケンタッキー・ダービー、プリークネスS、ベルモントSを三冠レースと呼び、その後に多くの人々に認められて現在のアメリカ三冠体系が整った。

ただ、その後も、最古のクラシックとしてトラヴァーズSが最も価値が高いことには変わりなく、この体系は、現在の大井の三冠プラス、岩手のダービーグランプリという形に似ている。

伝統のトラヴァーズSが開催されるサラトガ競馬場

## 031 時代によって異なる三冠レースの重み

三冠レースは必ずしも最高のレースというわけではなく、時代に応じて変化するものでもある。イギリスの三冠レースの場合は長く3歳馬の最高の名誉とされてきたけれど、近年になって最強馬がセントレジャーに出走しなくなったし、フランスで三冠と呼ばれていたのは、ロベール・パパン賞、モルニ賞、グラン・クリテリウムという2歳戦だった。

かつてはグッドウッドC、ドンカスターC、アスコット・ゴールドCは古馬のステイヤー三冠と呼ばれていたし、アメリカでもメトロポリタンH、サバーバンH、ブルックリンHが古馬のハンディキャップ三冠と呼ばれていたが、ともに今ではGⅢレースを含むものでしかない。

南関東の三冠レースとして親しまれてきた羽田盃、東京王冠賞、東京ダービーも、かつてダートにおける最高の名誉として、ヒカルタカイ、ハツシバオー、サンオーイといった名馬を育ててきたのだが、ダート競馬が全国規模で行われるようになって、ジャパンダートダービーが新設されると、全国チャンピオンとしてのジャパンダートダービーに対するステップレース的な立場になったのもやむ得ないことと思う。

ダート競馬の先駆者としてのアメリカ競馬でも、最近は強い馬がベルモントSを回避する傾向が強くなり、ケンタッキー・ダービーやプリークネスSの勝馬がトラヴァーズSに直行するようになってしまった。

## 032 大井「春の鞍」から岩手「ダービーグランプリ」まで

大井競馬に3歳馬だけの重賞「春の鞍」が創立されたのは1955年のことで、これが日本におけるダートの最初のクラシックレースとなった。最初の勝馬はアメリカ産の牝馬ローヤルレザーで、その後ダイニコトブキ、ダイサンコトブキ（この年の2着がオンスロート）、セルコールといった名馬を送り出して、確実にダート競馬のクラシックとして定着していった。

1964年には東京都ダービー、1966年には東京ダービーと名を改め、芝の東京優駿とダートの東京ダービーが日本を代表する2つのダービーといわれるまでになった。確かにヒカルタカイ、フジプリンス、ゴールデンリボー、ハツシバオー、サンオーイといった勝馬はダートのクラシックに相応しいものであった。この時代までは地方競馬でも、南関東の競走馬と他の地区の競走馬との間にかなりの能力レベルの差があり、実質的に南関東ナンバーワンが地方競馬ナンバーワンといえたので、南関東限定戦の東京ダービーがそのままダートのクラシックレースともなっていた。

しかし、確かに時代は大きく変化しており、1986年に岩手競馬が全国の地方競馬から招待してダービーグランプリを創設すると、初期にはアエロプラーヌなどの南関東馬が圧倒的優勢を誇ったものの、やがては地元馬や他地区の馬に勝てなくなり、明らかに南関東の最強が日本のダート競馬ナンバーワンといえなくなっていった。ジャパンダートダービーが創設される必要性に迫られていたといえよう。

1995年「第1回春の鞍（現東京ダービー）」ローヤルレザー（父ビスカイルズ、母ミステイツクミン）。

## 033 ジャパンダートダービーのこれからに期待

ジャパンダートダービーを3歳馬による春のＧＩレースとして創設するには多少の冒険があったと思う。格付け委員会としても、このレースを最初からＧＩに認定するのに抵抗がなかったわけではなく、何よりもＧＩレースに相応しい出走馬がそろうかどうかという点に不安があった。この時期、ＪＲＡにはダートの3歳戦がわずかしかなかったし、他の地区ではそれぞれの地区限定クラシック戦線が展開されている。さらに南関東の3歳馬自身も、三冠レースを戦ってきた後に好調をキープしているかどうか疑問がある。

しかし、第1回ジャパンダートダービーが行われてみると、まずまずのメンバーが出走し、東京ダービーの勝馬オリオンザサンクスがそのまま全国レベルで通用することを示して、番組作成の面では成功したといえるだろう。むろん、芝コースでの東京優駿に対抗できるにはほど遠いし、南関東が地方競馬の有力馬を独占していた時代の東京ダービーと比較しても、まだ満足なものとはいえないが、少なくともこのレースをダート競馬のダービーとして育てていける可能性は開かれたと思っている。

２０００年からは地方競馬で第2の規模を誇る主催者の兵庫県が兵庫チャンピオンシップを創設し、ＪＲＡの3歳ダート競走の数も増えて、ジャパンダートダービーに向かう競走馬のためのステップレースも増加した。いずれは全国的に大きな人気を呼ぶレースとなるだろう。

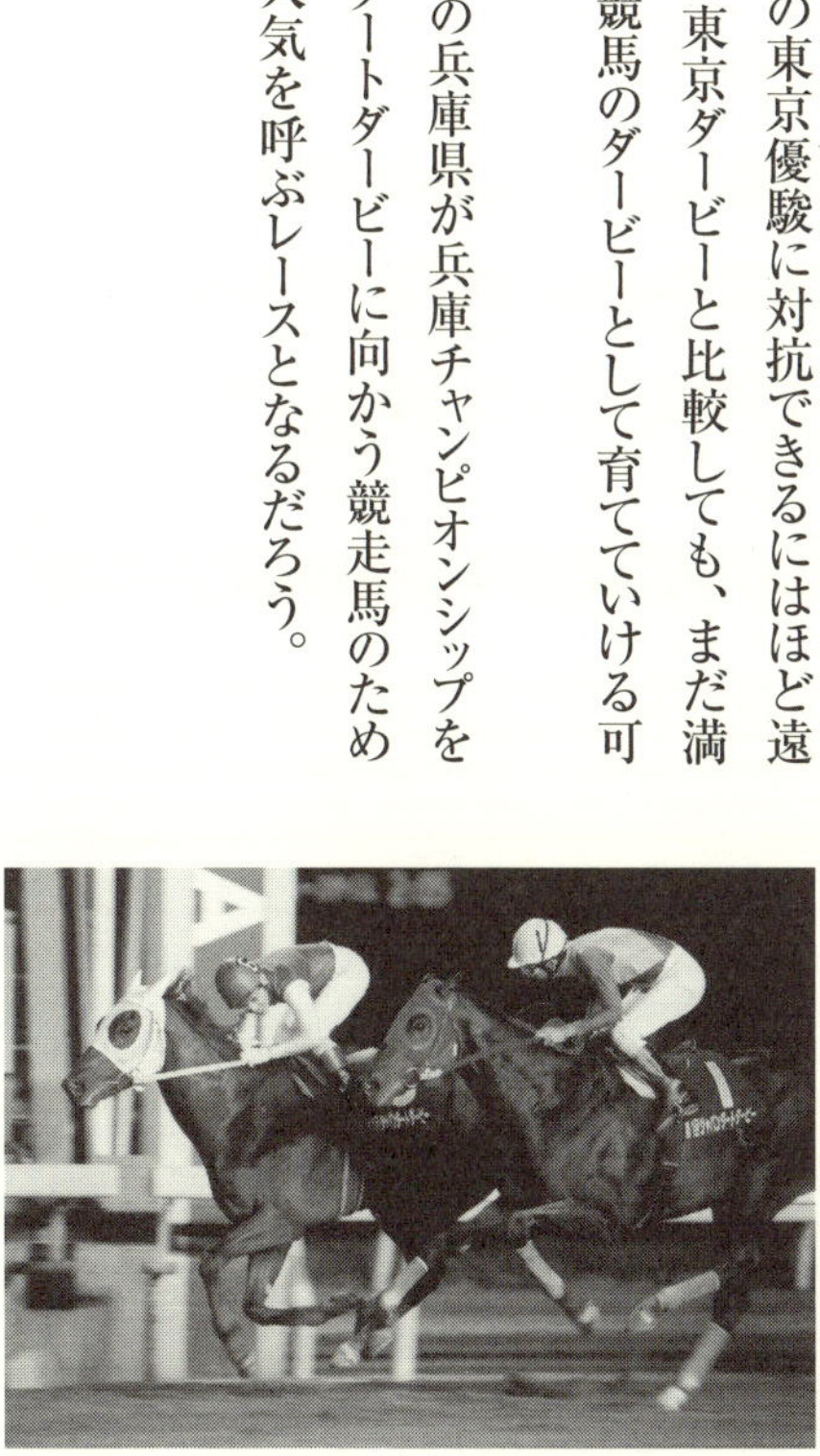

1999年「第1回ジャパンダートダービー」オリオンザサンクス（父シャンハイ、母ミラノコレクション）。

# *034* 世界でも2、3歳戦のほとんどがダート

アメリカでは2歳重賞のほとんどがダートコースで行われており、3歳重賞も芝でのレースはわずかしかない。先に述べたようにダートコースの質が全く違っていて、アメリカのダートは走りやすくて、スピードが出る馬場ではあるが、芝とダートの競馬を行っている国で、2、3歳戦はダート競馬の方が適切と考えられていることも確かであろう。

同じように芝とダートで競馬を行っているカナダとアルゼンチンでも、カナダのダービー該当レースとされるクインズ・プレートはダート戦だし、アルゼンチンのダービーとされてきたナシオナル大賞もダート戦で、競走馬として成長途上にある馬が力だめしとして行うレースには、ダートコースが向いているのだと思う。

ジャパンダートダービーは外国産馬も出走できるし、競走成績に応じて、JRAや他地区の競走馬も出走できるので、少なくとも日本で調教を受けた馬の中で最強馬が勝てるシステムを持っている。盛岡のダービーグランプリとともに、日本で最も重要なクラシックレースとなる条件は整っているといえよう。

本当にそうなるためには主催者や地方競馬全国協会などの関連組織による一層の努力が必要だろうが、同時にマスコミやメディア、そして競馬ファンの理解や支援なくしては不可能なことともいえよう。

2002年「第17回ダービーグランプリ」ゴールドアリュール（父サンデーサイレンス、母ニキーヤ）。

## 035 勝つのが難しいからこそ価値がある

常識的に考えれば、日本で最初にダートのクラシックとして行われてきた東京ダービーを、そのままジャパンダートダービーに発展させるべきだったとは、多くの人が考えることだろう。主催者側もそのように考えていたはずだが、関係者の理解が得られず、東京ダービーを過去の形態のまま残し、別個にジャパンダートダービーを新設することになったようだ。

確かに南関東地区の在厩馬だけのレースなら勝ちやすく、オーナーや厩舎関係者には有利とも考えられる。しかし、勝ちやすいレースはあくまでも相応の価値しか生じないもので、重賞レースというものは勝つのが困難な故に、重賞としての価値を獲得してきたわけである。C級戦にはC級戦の価値、未勝利戦には未勝利戦の価値しかないように、重賞の評価もどれだけの強力馬が集まり、それらを相手に勝ったかによって決定づけられる。東京ダービーが勝ちやすいレースになれば、それだけレースの価値が低下するのも当然のことで、これは決して主催者のみならず、オーナーや厩舎関係者にも大きな損失となるはずだ。

かつて東京ダービーはヒカルタカイ、サンオーイ、ロジータなど多くの名牝名馬を送り出してきて、東京ダービーの勝馬というと、それだけで名馬の1頭に数え上げられていたものだ。その伝統を何とか将来に残せないものだろうか。ジャパンダートダービーの成功を祝う気持ちとともに、東京ダービーの没落をとても残念に思う。

1983年「第29回東京ダービー」サンオーイ（父リマンド、母サンオーオク）。

## 第2章

# 血統でみる南関競馬

●名血の系譜をたどる
—チャイナロック、ミルジョージ、エルバジェ系—

●日本のダート競馬に向くヨーロッパの芝血統

●アメリカのダート血統

●もう一つの世界血統、ダンツィヒ系

## 036 また、チャイナロック!?

プリメロ系のトサミドリ、シマタカ、ハクリョウ、クリノハナなどに続いて、日本のダート競馬で大成功した種牡馬は、ハイセイコー、ヤシマナショナルなどを出したチャイナロックで、特に1968年から69年にかけて、南関東でのフィーヴァーぶりにはすさまじいものがあり、当時はそうも多くなかった重賞を次々と勝ちまくった。

68年はチャイナーキャップがニューイヤーCと羽田盃、ヤシマナショナルが大井記念、シントーがダイオライト記念を勝ち、69年にはヤシマナショナルが東京大賞典、東京オリンピック記念、東京盃の3重賞を制覇、チャイナーキャップはNTV杯、チャイナスピードは東京王冠賞を勝って、その都度がっかりしながら、あるいはほくそ笑みながら「また、チャイナロック」と呟いたものだ。

当時は競馬統計はあっても、生産統計がなかった時代なので、チャイナロックがリーディングサイヤーに輝くことはなかったが、統計があれば間違いなくトップとなっていただろう。

チャイナロック系は、ハイセイコー産駒のキングハイセイコーやアウトランセイコーが南関東で大活躍して、後の時代にダートの名血として伝えられ、チャイナロック産駒のJRAで大活躍したタケシバオーもまた、大井競馬のトリプルクラウン馬ハツシバオーを送り出した。ヤシマナショナルからキングハイセイコーまで、長期間にわたってスターホースを出し続けた名血といえよう。

ヤシマナショナルからキングハイセイコーまで名馬を輩出した名血「チャイナロック」(父ロックフェラ、母メイウォン、英国産、1963〜1982、25戦7勝)。

- チャイナロックGB1953
  - アオバ1962（中京記念、金鯱賞）
  - フシミカブト1963（ダイオライト記念）
  - メジロタスヨウ1964（芝・天皇賞・秋）
  - タケシバオー1965（芝・天皇賞・春、朝日杯フューチュリティS）
    - ハツシバオー1975（東京大賞典、東京ダービー）
      - ハツシバエース1983（芝・朝日チャレンジC）
    - ロングタイショー1982（全日本2歳優駿）
    - タケシバロック1985・牝（関東オークス）
  - チャイナーキャップ1965（羽田盃）
  - ヤシマナショナル1964（東京大賞典、東京盃）
  - アカネテンリュウ1966（芝・菊花賞）
  - ショウゲッコウ1966・牝（大井金杯）
  - チャイナスピード1966（東京王冠賞）
  - ツキサムホマレ1966（札幌記念）
  - ハイセイコー1970（芝・皐月賞、宝塚記念）
    - カツラノハイセイコ1976（芝・東京優駿、天皇賞・春）
      - ハルナオーギ1983・牝（関東オークス）
      - カネユタカオー1988（北関東ダービー、とちぎ大賞典）
    - キングハイセイコー1981（東京ダービー、羽田盃）
    - スノーエンデバー1994（ブリーダーズゴールドC）
    - ライフタテヤマ1982（札幌記念、ウインターS）
      - ライフアサヒ1991（名古屋優駿）
    - ハクタイセイ1987（芝・皐月賞）
    - サンドピアリス1986・牝（芝・エリザベス女王杯）
    - アウトランセイコー1987（東京ダービー、羽田盃）
  - サンチャイナ1972（名古屋優駿）

# 037 ダート競馬の一時代を築いた偉大な種牡馬

南関東で多くの名馬を送り出したチャイナロック系の特徴は、4輪駆動車のように全身から力強い蹴りを繰り出し、確実な推進をどこまでも持続し続けるところにあり、活力あふれた気性とともに前へ前へとつき進む姿はまさにダート競馬の王者に相応しいものだった。

全身を使って走るので仕上げには手間がかかり、比較的晩成タイプが多かったが、一度ピークに達すればタフに次々と勝ち続け、簡単には調子落ちというようにならなかった。重い斤量もこなすし、短距離から長距離までどんなレースでも活躍できたので、特に当時の地方競馬には向いていたといえるだろう。

チャイナロックは三石の本桐牧場で供用されていたが、この地区には小生産者が多く、産駒が地方競馬に買われてくることが多かったのも幸運だったと思う。毎年１００頭を超える牝馬に交配されていて、今なら珍しくないことではあるが、当時は内視鏡などの検査がなかったため、平均1頭の牝馬に3度は種付けしなければならなかった。種付けの回数でいえば、今でも驚異的といえるほどの数をこなしていたことになる。

ハイペリオン系らしい健康さも産駒によく伝えられ、チャイナロック自身も29歳まで生きたが、ハイセイコー、タケシバオーなど、産駒の多くが長寿を全うしている。

確かにダート競馬の一時代を築いた偉大な種牡馬だったと思う。

1984年「第30回東京ダービー」キングハイセイコー（父ハイセイコー、母セントオープン）。

## 038 第3の大種牡馬〜ミルジョージ

プリメロ系、チャイナロック系に続いてダート競馬を支配した大種牡馬はミルジョージで、イナリワン、ロッキータイガー、ロジータ、ジョージモナーク、ミルコウジ、ジョージレックス、シナノジョージ、ミルユージ、ダイタクジーニアスなど、少し古い南関東競馬のファンにはお馴染みの馬が多いことと思う。

イナリワンがJRAレースでも大活躍し、ロッキータイガーがジャパンCで2着となったように、必ずしもダート競馬で特に強かったというわけでもなく、ジョージモナークのように芝競馬へ遠征すると強いのに、地元ではさほどの力を発揮できなかった馬もいて、ダート血統と言い切るには戸惑いもある。ミルジョージは中村畜産の種牡馬で、チャイナロックの場合と同じく、地方競馬への入厩が多い三石で供用されていたので、特に南関東へ多くの優れた産駒がやってきたとはいえるだろう。

イナリワン、ロッキータイガー、ロジータが、ミルジョージ産駒の3名馬といえるだろうが、いずれも南関東に最初から入厩しており、ロジータ以外は芝コースでも大成功している。

大型馬の多かったチャイナロックと違って、ミルジョージ産駒には小柄なものが多く、それだけ自在性があって、力をゴール直前まで蓄えておいて最後に爆発的なパワーを発揮し、一気に他馬をとらえるというようなレースぶりが豪快だった。特に大井の長い直線には向いていた。

ミルジョージUSA1975
　　ロッキータイガー1981（帝王賞、東京王冠賞）
　　ミルコウジ1982（東京ダービー）
　　|　　ホワイトシルバー1982・牝（東京大賞典）
　　イナリワン1984（東京大賞典、芝・有馬記念、宝塚記念、天皇賞・春）
　　|　　ツキフクオー1992（東京大賞典）
　　ジョージレックス1984（東京ダービー）
　　ジョージモナーク1985（関東杯、芝・オールカマー）
　　オサイチジョージ1986（芝・宝塚記念）
　　ロジータ1986・牝（川崎記念、東京大賞典、東京ダービー、羽田盃）
　　エイシンサニー1987・牝（芝・優駿牝馬）
　　ジョージタイセイ1992（東京ダービー）

## *039* “ワンダー”があるミルジョージ産駒

ミルジョージのすばらしさは、大レースでぎりぎりいっぱいに仕上げられた時に発揮する底力だろう。イナリワンは東京大賞典、有馬記念、宝塚記念、天皇賞といった大レースを次々と勝ったにも関わらず、いずれも好配当になるぐらい人気が薄く、大レースの前にはわけのわからない大敗をすることも多かった。しかし、真価が問われるような重要なレースではいつも力強く抜け出してきて圧勝していた。

ロッキータイガーも強い馬ではあったが、まだ日本の競走馬が容易にヨーロッパやアメリカの馬に太刀打ちできない時代に、世界の一流馬を相手に好勝負できる馬とは思われていなかった。それだけにジャパンCでシンボリルドルフを目標にぐんぐん追い込んできて、1 3/4馬身差まで迫ったときには世界の競馬関係者のだれもが驚いた。

そういえばミルジョージ血統の特徴は、そのようなワンダー（驚き）を伴っていることだろう。ワンダーといえば、ロジータはまさに南関東の競馬史における最もワンダーな馬だったと思う。考えられないような大差をつけての圧勝ぶりも、出走するレースを次々と勝ち続ける信頼性も、他のミルジョージ産駒とは違った一面を示していた。ミルジョージ産駒はすべて、芝コースへ転じてもすばらしいレースをしたのに、ロジータだけが芝コースで全く動かなかった。ロジータは芝での大敗そのものも、大きな驚きの一つだった。

1989年「第35回東京ダービー」ロジータ（父ミルジョージ、母メロウマダング）。

## 040 ミルジョージ自身の経歴もワンダー

ミルジョージはイギリス国立牧場のミルリーフ産駒であるが、持込馬としてアメリカで生まれ、3歳時にわずか4戦しただけで、下級戦2勝という貧弱な成績しか残せなかった。

エージェントとして日本で最も多くの競走馬を売買してきた中村畜産は、そんなミルジョージを輸入して種牡馬供用を始めたが、おそらくこれだけの成功を予想した人はほとんどいなかっただろう。当初は単に種付け料が安いというだけが取り柄と考えられて、さほどの血統でない牝馬に交配されたにも関わらず、そんな中から次々と活躍馬が出て、たちまちノーザンテーストとリーディングを争うまでになった。

そして1978年にはついにノーザンテーストを抜いて日本のリーディングサイヤーにまで上りつめ、ミルジョージ産駒が一億単位の高値で取引されるまでになった。

大出世馬といえるだろうが、この馬が日本に来たおかげで、イナリワンもロッキータイガーもロジータも生まれ、日本のダート競馬に数々の驚きの歴史を作り出してくれたわけである。小柄な下級馬でしかなかったミルジョージ自身がワンダー種牡馬というべきで、ミルジョージと彼の産駒が競馬に現出させた驚きこそが、競馬の最も大きな感動となり、今もイナリワンの有馬記念やロッキータイガーのジャパンC、ロジータの東京大賞典は忘れがたいレースとなっている。それはミルジョージの偉大さを受けたものだった。

1985年「第5回ジャパンカップ」2着のロッキータイガー（父ミルジョージ、母ロッキーバッハ）。

# 041 チャイナロックとミルジョージは南関東の誇り

競馬を「ブラッドスポーツ」と呼ぶ人は少なくないが、ブラッドスポーツという英語は、ボクシング、プロレス、ハンティングといった「血を見る」スポーツを意味するので、少なくとも英語圏の人に話せば誤解を招くことになりそうだ。しかし、競馬が血統によって育てられるスポーツであることは確かで、この言葉が間違ったまま使われる理由もそれなりに頷ける。

南関東の競馬に強いインプレッションを残したヤシマナショナルや、ハイセイコー、ハッシバオーといった馬たちはチャイナロックという1頭の偉大な種牡馬によってもたらされたものだし、イナリワン、ロッキータイガー、ロジータといった馬による驚異的な数々のレースは、ミルジョージという1頭の種牡馬の存在によって可能となったものだ。

チャイナロックとミルジョージを語ることで、南関東の競馬の半分ぐらいを語り尽くせるほど、これらの種牡馬が現出させた感動や興奮は大きな比重を占めており、それらはまたチャイナロックやミルジョージ以外の馬には作り出せなかったものである。さらにチャイナロックやミルジョージが南関東の競馬以外では作り出せなかったものでもある。

アメリカ競馬にボールドルーラーがあり、ＪＲＡ競馬にサンデーサイレンスがあり、南関東競馬にはチャイナロックやミルジョージがあり、それらはそれぞれの競馬の大きな誇りとなっている。

1989年「第34回有馬記念」イナリワン（父ミルジョージ、母テイトタシマ）。

## *042* シーホークの父系を守ったファストフレンド

ミルジョージの次の時代に日本のダート競馬で成功したのは、エルバジェ系のシーホークとコインドシルバーで、エルバジェはスタミナ豊かなステイヤー血統として知られていたが、力任せに走るスピードも伝えており、勝負にかかってからの頑張りもある。

シーホークはヨーロッパで多くの名ステイヤーを出した後に高齢で輸入され、日本でもモンテプリンス、モンテファストの全兄弟による天皇賞制覇とか、ウィナーズサークル、アイネスフウジンによる2年連続の東京優駿制覇など、数々の大記録を残している。

ダート競馬でも東京大賞典、帝王賞などのトラストホーク、ダイオライト記念のアイランドハンター、名牝エースライン、東海桜花賞などに勝ち、芝コースでもサンケイ賞オールカマーを勝ったジュサブローなどの活躍馬を出した。

これら活躍馬の多くが種牡馬となり、中でも東京優駿を逃げ切ったアイネスフウジンには大きな期待が集まったが、当初はほとんど活躍馬が出ず、他のシーホーク産駒も種牡馬としては成功しなかったため、シーホークの父系は滅亡寸前となっていた。そんな中に登場したアイネスフウジン産駒のファストフレンドは2戦目からずっとダートコースで活躍し続け、5歳時にマリーンCを勝ってさらに強くなり、ついに牝馬相手に帝王賞を制覇してGI勝馬となった。この活躍でアイネスフウジンの種牡馬としての可能性も大きく開かれたと思う。

- Herbagerエルバジェ1956
  - シーホークFR1963
    - モンテプリンス1977（芝・宝塚記念、天皇賞・春）
    - モンテファスト1978（芝・天皇賞・春）
    - トラストホーク1978（東京大賞典、帝王賞
    - ジュサブロー1982（東海桜花賞、芝・オールカマー）
    - ウィナーズサークル1987（芝・東京優駿）
    - アイネスフウジン1987（芝・東京優駿、朝日杯2歳S）
      - ファストフレンド1994・牝（東京大賞典、帝王賞）
  - コインドシルバーUSA1974
    - テツノカチドキ1980（東京大賞典2回、帝王賞）

## 043 コインドシルバーの代表産駒・テツノカチドキ

コインドシルバーはエルバジェがアメリカへ輸出されてから（アメリカではハバジャーなどと呼ばれていた）の産駒で、シーホークほどではなくても、天皇賞2着のアサヒエンペラーや菊花賞2着のビンゴカンタを出して、芝でもそこそこの成績を残した。しかし何といっても代表産駒はテツノカチドキで、東京大賞典を4歳時と7歳時に勝った。長く高齢まで活躍する傾向が強いダート競馬ではあるが、意外に東京大賞典を2度勝ったのはこの馬だけで、5歳時には帝王賞と大井記念を、6歳時には60キロを背負って大井記念を勝っている。長く最強馬として活躍し続けたので、当時の南関東競馬では圧倒的な人気を集め、7歳時に佐々木竹見騎手で東京大賞典を勝った時には、大長編小説のハッピーエンドを迎えたような、大きな喜びを多くのファンと分かち合えた。

コインドシルバーは他にも北海道のハッピーシルバー、金沢のコンコードサニーやコインドエチゼン、東海のヨシカツトミユウなど、全国の地方競馬での活躍馬を出した。交流競走が始まる前なので、テツノカチドキが福島の地方競馬招待競走を勝った以外に全国的な著名度を高めた馬はいなかったが、交流競走の時代に生まれていれば名馬として名を残したと思われる馬は多い。パワフルなエルバジェ血脈は、今ならもっと大きな名声をつかんでいたと思われるが、ファストフレンドの活躍はその証明の一つではないだろうか。

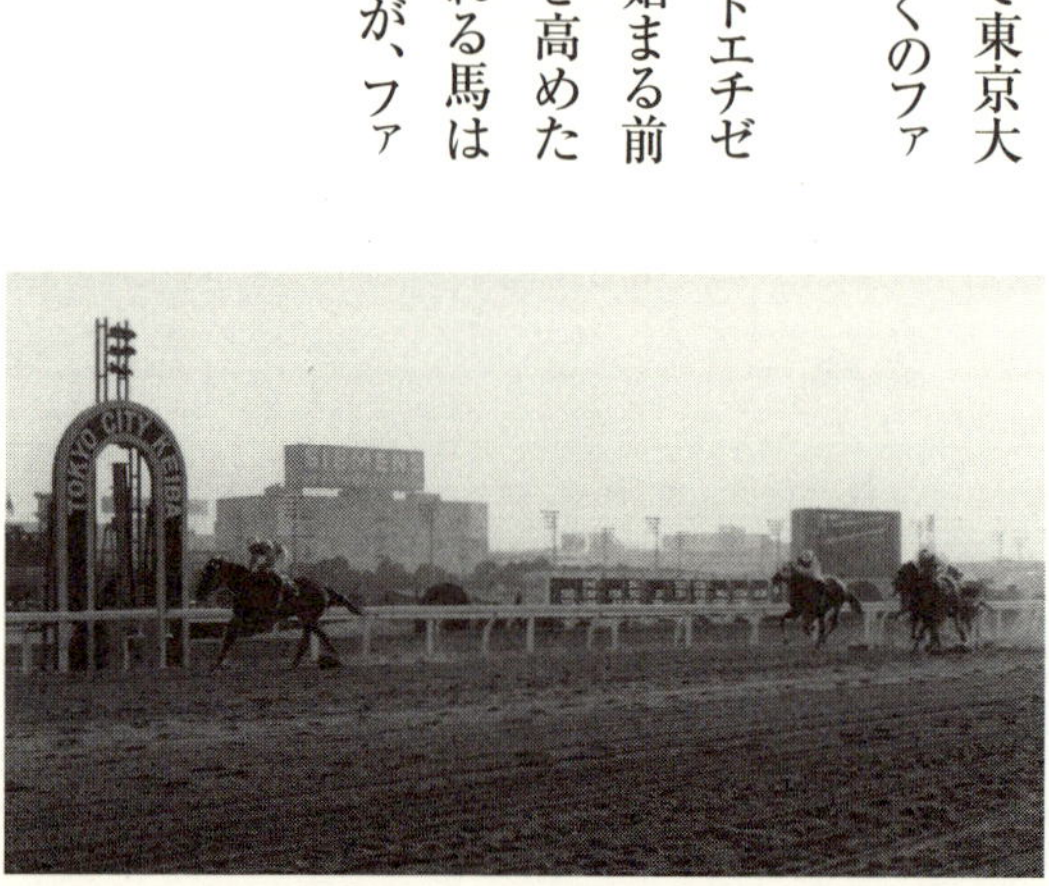


1987年「第33回東京大賞典」テツノカチドキ（父コインドシルバー、母フジノアオバ）。

# 日本のダート競馬に向くヨーロッパの芝血統

## 044 ヨーロッパ芝競馬と日本ダート競馬はパワー優先

プリメロ系、チャイナロック、ミルリーフ、エルバジェ系など、過去の日本のダート競馬で成功した種牡馬のほとんどは、ダート競馬が中心となっているアメリカからもたらされたものではなく、ダート競馬とは無縁のヨーロッパ競馬に育った血統が主流となっている。

アメリカのダート競馬のみで大成功したボールドルーラー系や、ミスタープロスペクター以前のレイズアネーティヴ系も、それなりには活躍馬を出しているが、少なくとも日本では芝コースよりもダート競馬に向いているという印象を与えたことはない。

これは以前に述べたように、世界のダート競馬がスピード競馬で、世界の芝競馬が力の競馬であるのに対し、日本のダート競馬がタイムのかかる力の競馬で、日本の芝競馬がスピードを出せるように人工的につくられたものだからといえよう。例えばレース展開とか、レースによる競走馬の損傷具合とか、脚質とか、レース形態にまつわるさまざまな要素では、アメリカと日本のダート競馬の特徴に共通性が認められるものの、こと遺伝的な能力という点では、スピード優先かパワー優先か、という違いの方がはっきりした結びつきを持っているといえるだろう。

サドラーズウエルズ系、ニジンスキー系など、アメリカでほとんど成功していなくてヨーロッパで大成功しているような血統こそ、日本のダート競馬に最も向いているということにもなる。

## 045 驚異的な底力は祖父ニジンスキー

現在の日本のダート競馬で、最も重要な役割を果たしている血脈はニジンスキーだろう。例えばサプライズパワーの父ミュージックタイムとかメイセイオペラの父グランドオペラは、ともに多くの活躍馬を出しているわけではなく、それでいて大レースで発揮する底力には驚異的なものがある。そのバックボーンは、やはり祖父のニジンスキーだと思う。

ニジンスキー産駒のマルゼンスキーは芝コースでも多くの活躍馬を出したが、アエロプラーヌ、マルゼンスターといったダートでの活躍馬には、過去に比類をみないほどの底力が認められた。そしてマルゼンスキー産駒のスズカコバン、ホリスキー、サクラトウコウ、サクラチヨノオー、サクラダイオーなどは、種牡馬となってからダートコースでの活躍馬を次々と送り出している。ホリスキー産駒ではサンリナール、ルイボスゴールドなど。スズカコバン産駒ではサリュウスキー、ササノコバン、デュークグランプリなど。サクラトウコウ産駒ではマルタカトウコウ、シーダメガミなど。サクラチヨノオー産駒ではマイターン。サクラダイオー産駒ではレジェンドハンターと、枚挙にいとまがないほどだが、これら内国産種牡馬はさほど種付け料が高くなく、つまりは低価格の馬から多くの活躍馬が数多く出ているということになる。

一般にマイナーな種牡馬は非力な産駒を出す傾向にあるが、ニジンスキー系は代を経ても強力なパワーを保っているようだ。

ダートコースで多くの活躍馬を出したニジンスキー産駒「マルゼンスキー」。

# 046 迷ったときはニジンスキー血脈！

他にもニジンスキー系で、日本のダート競馬で成功している種牡馬には、ナグルスキー、ラシアンルーブルなどがあるが、おそらくラムタラもダート競馬ではかなり期待できるのではないだろうか。

ニジンスキーが日本のダート競馬で好成績なのは、単に父系としてのみならず母の父としてニジンスキー血脈を持った種牡馬の成績にも表れている。最近の日本のダート競馬で断然の成績を残しているのはジェイドロバリーで、それに次ぐ好成績の種牡馬はスキャンだが、この2頭はともに父がミスタープロスペクターで、母の父がニジンスキーという同じ配合になっている。もともとミスタープロスペクター系はダートで好成績を残しており、そのミスタープロスペクターにニジンスキーの血脈が加われば、確かに鬼に金棒という感じで、タイキシャーロック、オースミジェット、テセウスフリーゼ、ダイアモンドコア、テンパイ、ロバリーハート、テイエムメガトン、マチカネワラウカドなどこれら2頭の種牡馬の産駒が次々と大活躍していくのは当然と思われる。

おそらく現在の日本のダート競馬の活躍馬で、3代目までにニジンスキー血脈を持っている馬のパーセンテージはかなり高いだろう。日本のダート競馬では、馬を購買するときも、馬券を買うときも、迷ったときはニジンスキー血脈を持っているかどうかで決断すればよいといえるほどだ。

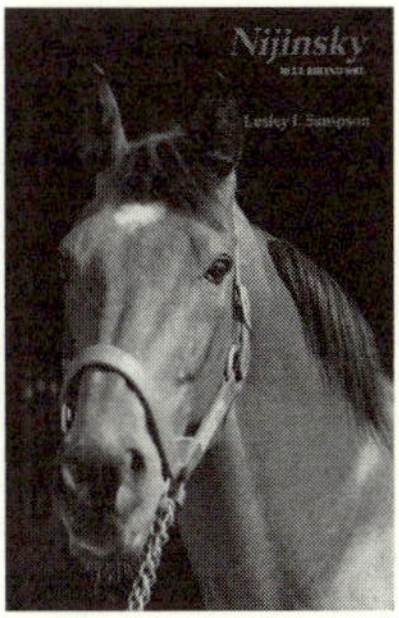


ニジンスキー（父ノーザンダンサー、母フレーミングページ、カナダ産、1967～1992、13戦11勝）。

## *047* ヨーロッパで成功しているサドラーズウエルズ系

日本のダート競馬には、アメリカのダート血統ではなく、ヨーロッパの深い芝コースにおける力の競馬で育てられた血統が向いているとわかったので、現在のヨーロッパ競馬で成功している血統を検証してみたい。まずは何といってもナンバーワンのサドラーズウエルズだろう。

日本で活躍するようになったのはオペラハウス、カーネギーなどの産駒が出てきてからだが、オペラハウスは初年度産駒から南部杯のニホンピロジュピタを出し、2年目の産駒にはジャパンダートダービー2着のオペラハットを出した。確かにすばらしい成績で、何よりも大レースで発揮する底力はサドラーズウエルズ系らしいものといえよう。カーネギーからはまだダートの活躍馬が出ていないが、もともとサドラーズウエルズ系は晩成タイプなので、これから活躍馬が出てきそうだ。さほど好成績とはいえないフレンチグローリーも不来方賞のサトヨフレンチなどを出して、どちらかといえばダートの方が好成績で、確かにサドラーズウエルズ系は日本のダート競馬に向いており、今後さらに期待できる血統でもあると思う。

軽快なスピードには欠くサドラーズウエルズ系は次々と堅実に活躍馬を出すというわけではないが、一流馬に育てば大きな仕事をするというタイプで、オペラハウスやカーネギー産駒でGIレースに挑んでくるような馬が出れば、かなりの期待をかけてよいと思う。

サドラーズウエルズ（父ノーザンダンサー、母フェアリーブリッジ、アメリカ産、1981〜、11戦6勝）。

## 048

# 晩成・長距離・底力のブラッシンググルーム系

ブラッシンググルームはアメリカで種牡馬供用されていたけれど、もともとがヨーロッパ血統で産駒や孫の活躍馬は断然ヨーロッパに多い。それだけヨーロッパ競馬に向いた父系で、日本のダート競馬にも向いていると考えられる。

そして確かにクリスタルグリッターズが名馬アブクマポーロを出し、アラジ産駒のドラールアラビアンが帝王賞でほとんど勝ったと思えるほどの接戦をして2着となった。

まだブラッシンググルーム系も多くの種牡馬がデビューしているわけではないので、活躍馬の数はそうも多くないが、他にもイソノウィナーなどそこそこの活躍馬も出ていて、やはり日本のダート競馬で強い血統と考えてよいだろう。

アブクマポーロやドラールアラビアンがそうであるように、全体としては晩成タイプで、比較的長い距離に向き、特に底力を争うような大レースには強い。

おそらくブラッシンググルーム系も、今後のダート競馬で活躍する馬をかなり出すものと思われるが、特に古馬になって力をつけてきて、長い距離の重賞などに挑んできた時には注目したい。ドラールアラビアンも、たまたま帝王賞で大駈けしたというだけでなく、その後の南関東のトップホースとして大活躍しているし、ドラールアラビアンの父アラジも後に日本に輸入されており、クリスタルグリッターズ同様にダート競馬で注目できる。

ブラッシンググルーム（父レッドゴッド、母ラナウェイブライド、フランス産、1974〜1992、10戦7勝）。

## 049 ヨーロッパの主力血統・リファール系は短距離向き？

ヨーロッパの主力血統となっていたリファールの産駒は、モガミ、リイフォー、ダンシングブレーヴ、ベリファなど、かなりの数の種牡馬が日本で供用され、多くの活躍馬を送り出してきた。

ただ、芝でのレガシーワールド、メジロラモーヌ、シリウスシンボリ、ニッポーテイオー、キングヘイロー、キョウエイマーチなどの活躍に対し、特にダートで優勢といえるほどの成績とはいえないかもしれない。

それでもメンデス産駒のハシルショウグン、モガミ産駒のグレイドショウリやモガミハヤブサ、リーファーマッドネス産駒のエビスサクラ、リファーズゴースト産駒のプレザントなど、そこそこの活躍馬は多く出ており、特にダンシングブレーヴ産駒のコマンダーインチーフはジャパンダートダービーの勝馬マイネルコンバットやＪＢＣクラシック、ダービーグランプリのレギュラーメンバーを送り出し、同じダンシングブレーヴ産駒のホワイトマズルも全日本2歳優駿のプリンシパルリバー、南関東で大活躍のフレアリングマズルなどを出して大成功した。

リファール系は短距離から長距離まで活躍する仔を出すが、どちらかといえば短い距離で成功しているものが多く、これまでのダート重賞には１６００以下のレースが少なかったので、一流馬に育つ機会は少なかったという面もありそうだ。今はダートの大レースが１６００か２０００メートルとなり、リファール系には大きな活躍の場が与えられ、今後はさらに多くの活躍馬を出しそうだ。

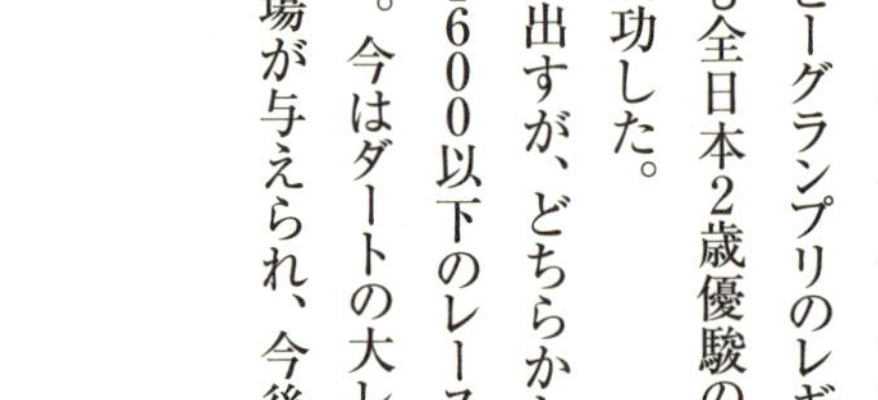

リファール（父ノーザンダンサー、母グーフド、アメリカ産、1969～、12戦6勝）。

## 050 マイナーな血統も堅実さ、タフさを発揮

ヨーロッパ血統には他にもマイナーな（大きな広がりのない）血統で、日本のダート競馬への高い適性を示しているものがあり、例えばアサティスは芝コースでの一流馬をほとんど出していないものの、ダートではフェブラリーSやスーパーダートダービーのウイングアロー、アンタレスSのスマートボーイといった一流馬を出している。晩成型で極めて安定したレースを続ける優れた種牡馬として今後のダート競馬で大きな注目を集めそうだ。

アレミロードは芝コースでもまずまずの成績を残していたけれど、長く活躍を続ける馬はいなかった。しかし、ダートコースでのメイショウモトナリ、ベラミロードといった活躍馬は、ずっと堅実に力を発揮し続けている。

そういう傾向はジェイドロバリー、スキャンといったトップ種牡馬にも認められ、芝では大駈けの後に大敗ということも少なくないのに、ダートでは無類の堅実さ、タフさを示している。これはダート競馬の方がレースでの消耗が少ないためと思われ、高い能力をどちらでも発揮できるものの、本質的にはダートコースの方が向いているということではないかと思う。力のある馬ならどんなコースでも好走して当然ではあるが、レースでどれだけ消耗するかは、その馬がどれだけ快適に走っているかによって影響され、不向きな馬場ではレースの後に大きな反動を示すと考えてよいのではないだろうか。

メイショウモトナリ、ベラミロードなどダートで堅実に活躍する馬を出した「アレミロード」。

## 051 コースの特徴から見えてくる馬の遺伝的能力

こうして調べていくと、ヨーロッパでの活躍馬やヨーロッパで成功している血統は、ほとんどが日本で芝コースよりもダートコースでより好成績を残していることがわかって驚かされる。レース形態そのものには、アメリカのダート競馬と日本のダート競馬に似た傾向が認められ、例えばレース展開に左右される率が低いとか、比較的ばらけた展開になるとか、ピークでは強い馬が特に信頼性の高いレースをするというような一定の共通性があるけれど、能力となるとやはりスピード競馬か力の競馬かという差の方が大きな意味を持つということなのだろう。

確かにヨーロッパの芝コースや日本のダートコースでは、瞬発力だけで勝ち切るのは難しく、軽快なフットワークで飛ばすというわけにもいかない。逃げるなら力任せ、追い込みも力任せという感じのレースとなり、それだけに力強さに欠く馬ならレース中のエネルギー消費が大きくて末脚がもたなくなる。一方力があるけれど軽快さに欠く馬なら、日本のダートコースではタイムが遅いだけ消耗が少なく、レース後もさほど疲労を残さないので、堅実に力を発揮することができるのだと思う。

このように考えていくと、日本の芝コースとダートコース、ヨーロッパの芝コースとアメリカのダートコースでの成績から、競走馬の遺伝的能力がどういうものかも見えてくるのではないだろうか。

## 052 競走馬を消耗・損傷させるスピード

一般にレースにおける消耗というと、スタミナ消費とか力の消耗というように、持続するパワーに主眼をおいた考え方が強いけれど、ダート競馬における競走馬の活躍年齢の長さや、年間の出走回数の多さ、故障の少なさをみると、むしろスピード面での消耗の方が激しいように思われる。

考えてみれば瞬発力は無酸素運動が主となり、持久力やパワーの負荷は有酸素運動でこなされる面が強い。有酸素運動では一定の状態を持続しながら反復運動を続けることができるけれど、無酸素運動ではグリコーゲンを消費し、筋肉や肝臓に強い疲労感を与え、運動前の状態に戻るには時間がかかる。完全に元の状態に戻っても、ある程度のストレスは残されているかもしれない。それ以上にスピードを生み出すための強い収縮活動や関節への衝撃は、骨や腱や筋肉にさまざまな損傷をもたらすだろう。

アメリカのダート競馬ではラシックス、ビュートといった日本やヨーロッパでは禁止されている薬物が公認されているのも、同じダート競馬でも、スピード競馬による消耗が激しいからではないかと思われる。

スピード競馬の方がおもしろいという面は否定できないし、個々の競走馬の本当の能力を出し切らせることで、正しく種牡馬を選抜できることも確かだろうが、競走馬はスピードを出せば出すほど、消耗しダメージを受けているということでもある。

# 053 大成功したアメリカのダート血統馬・リンボー

日本のダート競馬には、むしろヨーロッパの芝血統が向いていることがわかったけれど、アメリカのダート血統が全くの不振というわけでもない。かって代表的なアメリカ血統といわれたマンノウォー系では、持込馬の月友、輸入競走馬のリンボーなどが種牡馬として成功したが、月友からは第1回秋の鞍（現東京大賞典）やキヨフジ記念を2回勝った名牝ミスアサヒロが出ている。ミスアサヒロは中央でもアサヒロの名でダートの愛知杯を勝っているので本質的にダート上手だったのだろう。また月友の仔アサトモからは大井新春盃、川崎開設記念のイチアサヒデが出ている。

しかし、それ以上にリンボーはダート競馬で大成功した。リンボーのオーナーの白井新平さんは当時の大井競馬の大馬主で、産駒が数多く南関東に入厩したということもあるが、大井金盃のハジメオー、羽田盃、大井記念のコクユウ、浦和桜花賞のトキヒノエ、ニューイヤーCのツルハゴロモなどを出し、さらに平和賞をダイニハッスル、ジンライオー、タケデンボーで3年連続制覇するというように南関東の競馬を席捲している。

そして1964年生まれのリンボー産駒ヒカルタカイは青雲賞、全日本2歳優駿、黒潮盃、羽田盃、東京ダービー、東京王冠賞と勝ちまくって、南関東の最初の三冠馬となった。さらに4歳から中央の芝コースに挑むと、ここでも天皇賞・春、宝塚記念を圧勝して日本のチャンピオン馬となった。

リンボー（父ウォーアドミラル、母ブージー、アメリカ産、1949〜1967、23戦9勝）。

マンノウォー（父Fair Play、母Mahubah、1917〜1947、21戦20勝）。

## 054 ヒカルタカイの大独走は父系の祖・マンノウォーゆずり

昔は中央と地方の交流レースなどなかったので、本当の日本チャンピオンになるには、途中で転厩して、両方で最強馬と認められる以外になかったが、パーフェクトにそれを実現したのはオンスロートとヒカルタカイだけだろう。

ヒカルタカイはよく負けた馬で、2歳時には2度2着になり、3歳になってすぐにも2連敗し、秋にも東京オリンピック記念、東京大賞典など3度負け、4歳時にも大井と中央で4連敗している。しかし目標としたレースで負けたのは東京大賞典だけだし、何といっても勝つ時の強さは比類がないほどだった。

東京ダービーでは大独走で大井の長い直線を走り抜け、天皇賞・春では2着のタイヨウを遥か後方に残したままゴールインして、かなり時間が経たなければ2着馬がテレビ画面に入ってこなかった。

ヒカルタカイの父系の祖となったマンノウォーは、ローレンス・レアリゼションという当時のアメリカのセントレジャーにあたるレースにおいて、2着馬に１００馬身差をつけて勝ったことで知られているが、ヒカルタカイのレースぶりはまさにそのマンノウォーの子孫に相応しいものだったと思う。記録上は大差としか残されていないけれど、ヒカルタカイの天皇賞・春での着差も、私の印象では20馬身はあったように記憶している。昔のことなので記憶に自信はもてないものの、少なくともそのぐらいの大楽勝であったことは間違いない。

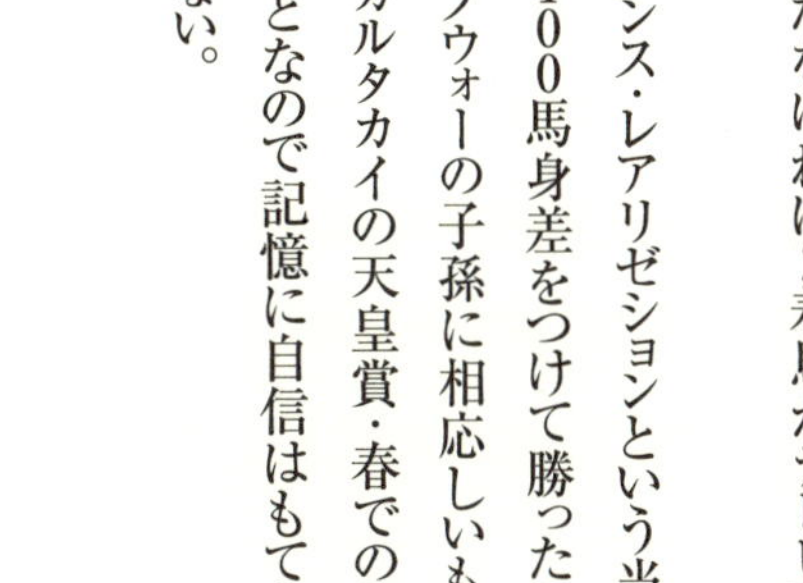

1967年「第13回東京ダービー」ヒカルタカイ（父リンボー、母ホマレタカイ）。

# 055 血統存続の期待はウォーニングに

サラブレッドは3頭の基礎種牡馬から発達したという人がいるけれど、これは全くの間違いで、たまたま現在まで残っている父系をたどっていけば、エクリップス、ヘロド、マッチェムという3頭に至るというだけのことだ。しかもこのうちヘロド系とマッチェム系もほとんど滅亡に近づいている。ヘロド系ではパーソロンの子孫や、ダンディルートの父リュティエから出た父系など日本やアルゼンチンに少しだけ(ビゼンニシキなど)残されており、マッチェム系はマンノウォーの子孫インリアリティから出た父系だけがどうにか頑張っている。

ヒカルタカイの豪快なレースぶりを伝える血統が滅んでしまうかもしれないと思うととても残念だが、インリアリティの仔のノウンファクトは種牡馬として成功し、その仔マークオブディスティンクションは日本に輸入されてホッカイルソーなど、なかなかの活躍馬を出していたけれど、期待が高まったところで若死にしてしまったために、わずかな産駒しか残っていない。

マークオブディスティンクションと入れ替わりに、日本での産駒を競馬場に送り出すようになったノウンファクト産駒がウォーニングで、ウォーニングはイギリスでの種牡馬時代に、スプリントC(英GI)を勝ち、日本で安田記念2着と好走したディクタットなどを出して成功しており、日本での産駒カルストンライトオ、サニングデールなどの活躍馬を出している。いずれダート競馬での大物も出すだろう。

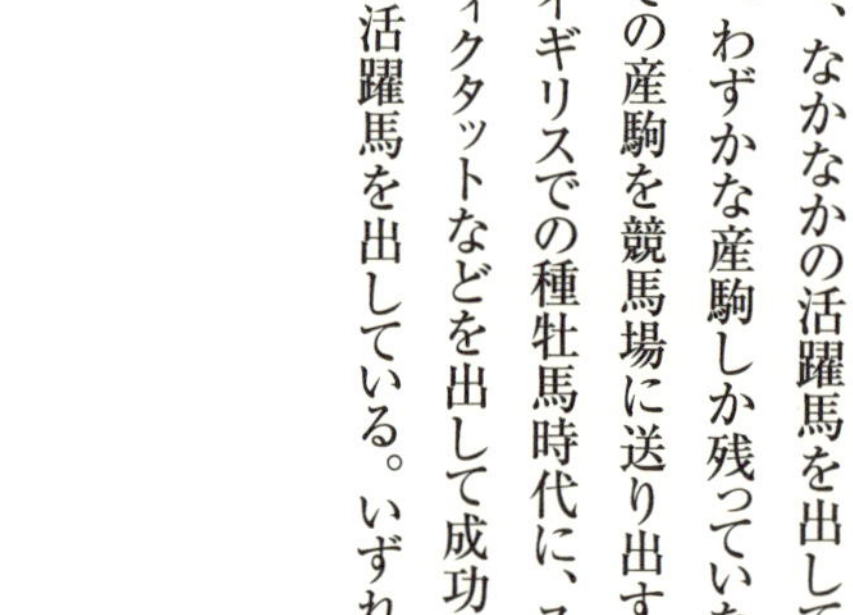

将来、ダートで活躍馬を出すことが期待されるノウンファクト産駒 ウォーニング(父ノウンファクト、母スライトリーデインジャラス、英国産、1985〜、14戦8勝)。

## 056

# 活躍するミスタープロスペクター系

現在のアメリカのダート血統の主流はミスタープロスペクター系だが、すでにミスタープロスペクター系のジェイドロバリー、スキャン、エブロス、キンググローリアス、アフリート、フォーティナイナー、エンドスウィープ、シャンハイなどの産駒が日本のダート競馬でも大活躍している。

もともとミスタープロスペクター系そのものが特に活力ある父系なので、ある程度成功するのは当然とはいえるのだが、ジェイドロバリーとスキャンは芝競馬以上の成績を残していて、中でもジェイドロバリーはダート競馬の統計が出るようになってから99年まで、ダートでのリーディングサイヤーに君臨し続けました。

以前に述べたように、ジェイドロバリーやスキャンの成功には、母の父ニジンスキー血脈が強い影響を与えており、ニジンスキー血脈が入っていれば、ほとんどダートで成功するといえるぐらいではあるのだが、父系としてのミスタープロスペクター血脈も、日本のダート競馬に強い適合性を持っていることは確かだろう。ジェイドロバリー、スキャンの特別な成功にはこれら2つの血脈の協力によるものと考えられる。

ジェイドロバリーやスキャン産駒は芝コースでも好成績を残してはいるのだが、大きな違いは、芝での活躍馬は長くピークを続けるのが難しいのに対し、ダート競馬ではずっと堅実に一定レベルのレースを続け、高齢まで長く活躍し続けるという点で、おそらくその差がダートでの抜群の成績につながっているのだろう。

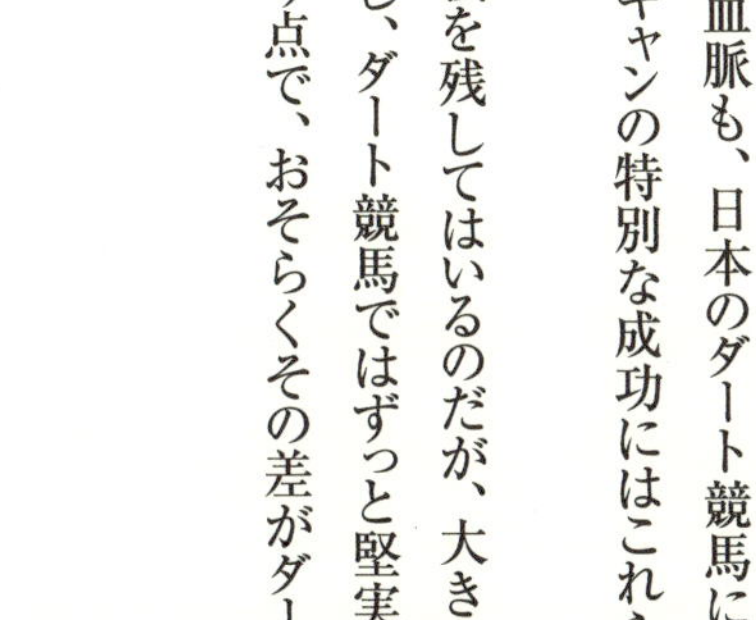

ミスタープロスペクター（父レイズアネイティヴ、母ゴールドディガー、アメリカ産、1970〜、14戦7勝）。

# 057 世界に誇るニックス「ミスタープロスペクター×ニジンスキー」

日本のダート競馬におけるリーディングサイヤーのジェイドロバリーと、それに次ぐ存在のスキャンは父ミスタープロスペクター、母の父ニジンスキーという同じ配合を持っており、両方の血脈の優れた面がうまく協力して、すばらしい成績を実現したと思われる。

ジェイドロバリー産駒のオースミジェット、テセウスフリーゼ、ダイヤモンドコア、あるいはスキャン産駒のマチカネワラウカド、タマモストロングといった活躍馬に共通するのは、長く一定レベルのレースを続けることができる点で、同じジェイドロバリーやスキャン産駒でも、芝での活躍馬が短期間にピークを終えてしまうのと大きく違っている。基本的にはミスタープロスペクター系といえばムラ駈けの代名詞といえるほど、大駈けもあれば、大敗もあるものだが、ジェイドロバリーやスキャン産駒のダート競馬での堅実さには、ミスタープロスペクター血統離れした面があり、おそらくそうした面をニジンスキー血脈が補っているのだろう。

それにしてもミスタープロスペクター×ニジンスキーという日本のダート競馬で発見されたニックス（複数の血脈の和合性）は、世界に誇りうるものだと思う。ダート競馬のグレード体系によって、ジェイドロバリーやスキャン産駒の目覚ましい活躍がなければ、この配合のすばらしさが認められることはなく、この血統から次々とダートの名馬を送り出すことはできなかっただろう。

2000年「第7回平安ステークス」オースミジェット（父ジェイドロバリー、母テンザンオトメ（母父マルゼンスキー）。

# 058 芝に強い産駒も出すミスタープロスペクター系

ジェイドロバリー、スキャン以外のミスタープロスペクター系の種牡馬はどうだろう。たとえば短距離のダート戦で大活躍しているエブロス産駒のビーマイナカヤマは、確かに堅実なレースを続けているけれど、他のエブロス産駒のヤングエブロスなどはかなりのムラ駈けをしており、短距離向きという点では共通するものの、個々の競走馬によって違ったタイプに出る傾向が認められる。

シーキングザゴールド産駒のゴールドティアラはダート競馬で大成功しているけれど、同じシーキングザゴールド産駒のシーキングザパールは芝コースですばらしい成績を残したのに、ダートではほとんど好成績を残せなかった。

キンググローリアス産駒となると、明らかにミスタープロスペクター系の特徴が強く出て、大駈けしたり、大凡走したりという産駒が多い。ゴーンウエスト産駒のザフォリアが芝では一流馬にいま一歩という感じだったにも関わらず、帝王賞では差のない3着と好走したように、ダートにより優れた適性を示すものも少なくないし、エブロスやキンググローリアスのように、明らかにダートで好成績という種牡馬もいるが、アフリートやフォーティナイナーのように、芝適性の強い産駒も、ダート適性の強い産駒も出す種牡馬も多い。ミスタープロスペクター系全体としてはダートに向いた血統ではあるものの、すべてがすべてダート適性を持っているとはいい切れない面もあるようだ。

1997年「第2回NHKマイルC」シーキングザパール（父シーキングザゴールド、母ページプルーフ）。

芝でもダートでも好成績の産駒を出すミスタープロスペクター系の種牡馬「フォーティナイナー」。

## 059 ミスタープロスペクター系の大物輸入種牡馬

アフリートとフォーティナイナーは北米に残してきた産駒が大活躍し、結果的にミスタープロスペクター産駒の大物種牡馬が早い時期から日本で供用されることになった。アフリートは牝馬に多くの活躍馬を送り出しており、日本でも芝のプリモディーネ、ダートのプリエミネンスというチャンピオン牝馬を送り出した。ダートでの活躍は特にすばらしく、ジェイドロバリーのあとを受けて、2000年以降はダートのリーディングサイヤーに君臨している。アフリートの牡駒にもイシヤクマッハ、リキアイタイカンなどの活躍馬は多く出ているのだが、牝馬のように長くピークを保つことができず、大物に育った産駒は出ていない。一方、プリエミネンスはずっとダートの最強牝馬として多くの重賞に勝ちまくった。アローエクスプレス、トニービンなど、牝駒以上に牡駒が活躍する種牡馬は他にも少なくないが、こうした傾向は性染色体（XY染色体）に能力を決定する因子があるということではなく、性ホルモンによるDNA発現の相違から生じると考えるのが自然であろう。

フォーティナイナーはトーホウダイオー、クーリンガーなど、主として牡駒が活躍していて、長くピークが続かないという点ではアフリートの牡駒の場合と同じだが、代表産駒のエンドスウィープもまた種牡馬として北米で成功した時にはすでに日本に輸入されていた。エンドスウィープ産駒も安定して活躍するタイプではないが、サウスヴィグラスのように高齢になってダートで連戦連勝するような馬も出ており、ミスタープロスペクター系には一流馬に育ってしまえば比較的堅実さを身につける面もある。

牝馬に多くの活躍馬を送り出し、ダートのリーディングサイヤーに君臨するミスタープロスペクター系の種牡馬「アフリート」。

## 060 ダンツィヒ産駒の種牡馬はあきらめ寸前に注目!?

ミスタープロスペクター系とともに、現在の世界血統の主力となっているのはダンツィヒ系で、初期にはアメリカのダートコースで多くの活躍馬を出したのだが、特に孫の代となってからはデインヒル、チーフズクラウンなどを通じて、多くのヨーロッパやオーストラリア競馬の活躍馬を出すようになった。そしてダンツィヒ系のヨーロッパでの活躍馬が出るようになると、日本のダート競馬でもダンツィヒ系が活躍するようになっている。

ダンツィヒ産駒は典型的なスピード血統なので、ヨーロッパの芝コースのような、時計がかかる力の競馬には不向きであったが、代を経て力の面が補強されると、むしろ鋭い切れ味が生かせるようになり、芝での名血として発展したのではないかと思われる。

日本のダート競馬でも長くダンツィヒ系の活躍馬は出なかったのだが、最近になってアジュディケーティング、スラヴィック、シャーディー、ラシアンボンドといったダンツィヒ産駒の種牡馬が急に活躍馬を出し、一気にダート血統としてのダンツィヒ系が注目されるようになった。不思議なのはこれらの種牡馬がかなり高齢になってから活躍馬を出すようになった点で、タヤスケーポイントはアジュディケーティングの4世代目、イエローパワーは5世代目の供用で生まれており、ラシアンボンドの仔アンブラスモアは5世代目、シゲノキューティは7世代目の、ほとんどあきらめてしまう直前の産駒だった。

2000年「第3回TVK盃」シゲノキューティー(父ラシアンボンド、母チョウカイダンサー)。

# 061 種牡馬の年齢によって異なる産駒の能力

多くの種牡馬は若い時にスピードが勝った産駒を出し、高齢になるとスタミナの優れた力のタイプの産駒を出す傾向がある。パーソロン、ノーザンテーストなどは初期産駒が短距離で活躍したため、スピード血統と考えられていたけれど、高齢になってからはむしろ長距離で活躍する産駒ばかりを出すようになった。

ダンツィヒ系のアジュディケーティング、ラシアンボンド、シャーディー、スラヴィックといった種牡馬の初期の産駒は、スピードがあるものの成長力に欠き、いかにも非力でゴール前での踏んばりが効かず、使い込まれると馬が落ちてしまうような傾向があった。しかし、最近のアジュディケーティング産駒イエローパワーなどは全く逆に、ゴール前での頑張りがすばらしいし、ジャパンダートダービーで好走したような底力も見せている。

これと逆の例はリアルシャダイで、もともとがスタミナ血統のリアルシャダイは、若いころはスピードをともなった産駒が大活躍したけれど、高齢になってスピードを伝える遺伝子の発現が鈍化すると、バランスが悪くなって成績がぐんぐん落ちていった。

これはあくまでも推測だが、生物は若い時代に活力ある仔を残して、早い世代交代を促すことで生き残っていこうとするけれど、高齢まで生き残れる環境にあると判明すれば、じっくり育つような、持久力ある仔を出そうとするようなＤＮＡ発現のシステムを持っていると考えられる。

リアルシャダイ（父ロベルト、母デザートヴィクスン、アメリカ産、1979〜、8戦2勝）。

## 062 力強くタフな血統へ生まれ変わりつつあるダンツィヒ系

ダンツィヒ産駒のアジュディケーティング、シャーディー、ラシアンボンド、スラヴィックはいずれも1986年か、1987年生まれで、ほぼ同世代だが、それらの産駒イエローパワー、ゴールドヘッド、シゲノキューティー、ハカタビッグワンといった馬が、ここ4、5年に一挙に日本のダート競馬で大活躍するようになった。

おそらくこれらダンツィヒ系は今後の日本のダート競馬の血統として最も注目できるものだろう。

今まではゴールドヘッドのように、楽な相手との対戦では強いけれど、グレードレースになれば足りないというような底力に欠く産駒が多かったのだが、イエローパワーの世代になると、GⅠレースで好走するだけの底力を発揮するようになっており、これらの種牡馬が同時進行で、非力なスピード血統から力強くタフで頑張りの効く血統へと生まれ変わりつつある。

ダンツィヒ系の大物種牡馬デインヒル産駒も、今のところ芝コースを中心に活躍しているが、いずれダート競馬に転戦してくるものが多くなると、もともとが底力の優れた血統だけに大きな期待ができるのではないだろうか。

また、ダンツィヒ系チーフズクラウン産駒のチーフベアハートやデインヒル産駒で種牡馬となるものも、いずれは日本のダート競馬で成功しそうで、やがてはダンツィヒ系が日本のダート競馬の主力血統に発展していく可能性もあるように思う。

2000年「第45回羽田盃」イエローパワー（父アジュディケーティング、母サクラシラユキ）。

# 063 日本では珍しくない高齢種牡馬の成功

ダンツィヒ系のような高齢になってから成功する種牡馬は、一般にそうも多くないものだが、日本のダート競馬では必ずしもまれな例ではない。例えばファストフレンドはアイネスフウジンの3世代目にようやく出た活躍馬で、ファストフレンド自身が古馬になってから活躍したので、アイネスフウジンは種牡馬としてほとんど見捨てられかけていた。

メイセイオペラもグランドオペラの4世代目の産駒で、およそ種牡馬が成功の可能性を問うことができるぎりぎりの時期に活躍したといえるだろう。

ワールドクリークは父マジックミラーの6世代目の産駒で、東京大賞典を勝ったときには、すでに父の種牡馬としての登録が抹消されてしまっていた。確かに5世代の産駒に活躍がないということは9世代目ぐらいの種付けシーズンまで活躍馬が出てこないことになり、いかに期待が大きかった種牡馬でも、さすがにあきらめざるを得ないだろう。

日本のダート競馬では速いタイムのレースになることがないので、スピード不足の血統でも力があれば通用し、スピード優先の世界的な主流血統からはずれたところに活躍馬が出ることも少なくない。一面でそれが日本のダート競馬の面白さともなっていて、芝コースでは成功しなかった種牡馬にも第2のチャンスがあるといえよう。

見捨てられかけていた種牡馬が、新たな脚光を浴びるようになるのも有意義なことだと思う。

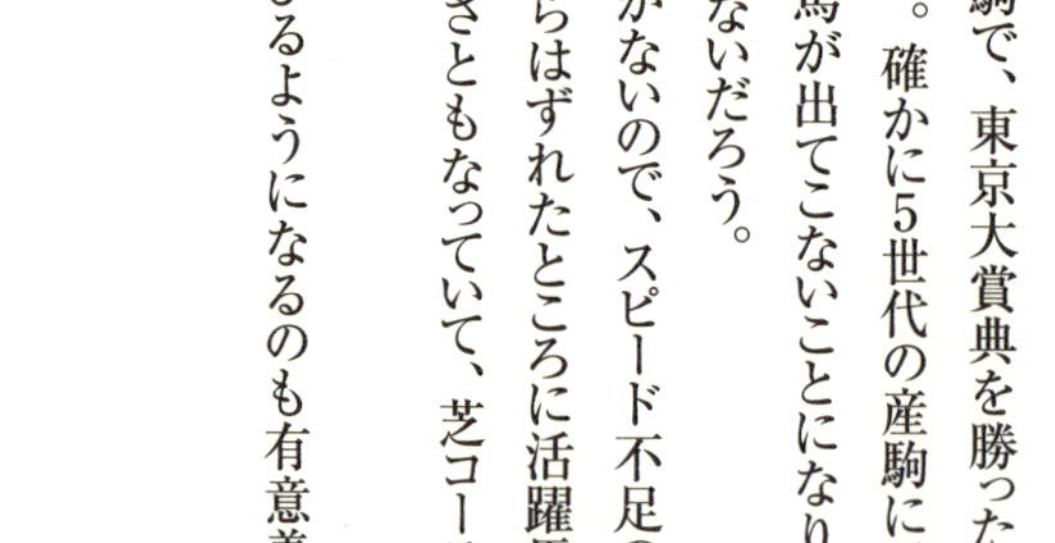

1999年「第45回東京大賞典」ワールドクリーク（父マジックミラー、母ケイシュウハーブ）。

## 064 ダンツィヒは米語読みでダンジグ

ダンツィヒという馬名はポーランド系のオーナーが、故郷の失われた都市名（ロシアに占領された時にグダニスクとなった）に因んで付けられたものだが、アメリカでレースをしている時から、ほとんどの人は米語読みの「ダンジグ」としか発音しない。オーナーも初期にはクレームを付けたかもしれないが、ダンジグと呼ばれる度に訂正を求めるわけにもいかず、やがてはダンジグといった方が通じるので、それを認めてしまうことになってしまったのではないだろうか。

もともとアメリカにはさまざまな民族の人々が集まっているのでハンガリー人にはマジャール語の発音、メキシコ人にはスペイン語の発音というような気配りをしていたのでは、会話もできなくなってしまう。そのため、モーツアルトはモザート、ベルイマンがバーグマン、チューリッヒはズーリックというように、なにもかも勝手読みを通用させている。

そして、アメリカでダンツィヒについて話すのを聞いてきた日本人にもダンジグと呼ぶ人がかなりいて、日本ではダンツィヒ（またはダンチヒ）とダンジグという2つの呼び方ができてしまった。

文部省による外国語の仮名表記の基準では原語による表記と決められているのだが、それはあくまでも教科書や公式文書に使用される場合で、業界用語ではドイツ語やフランス語の英語読みなども結構通用している。ダンツィヒ系の成功によってこの混乱は当分続くことになった。

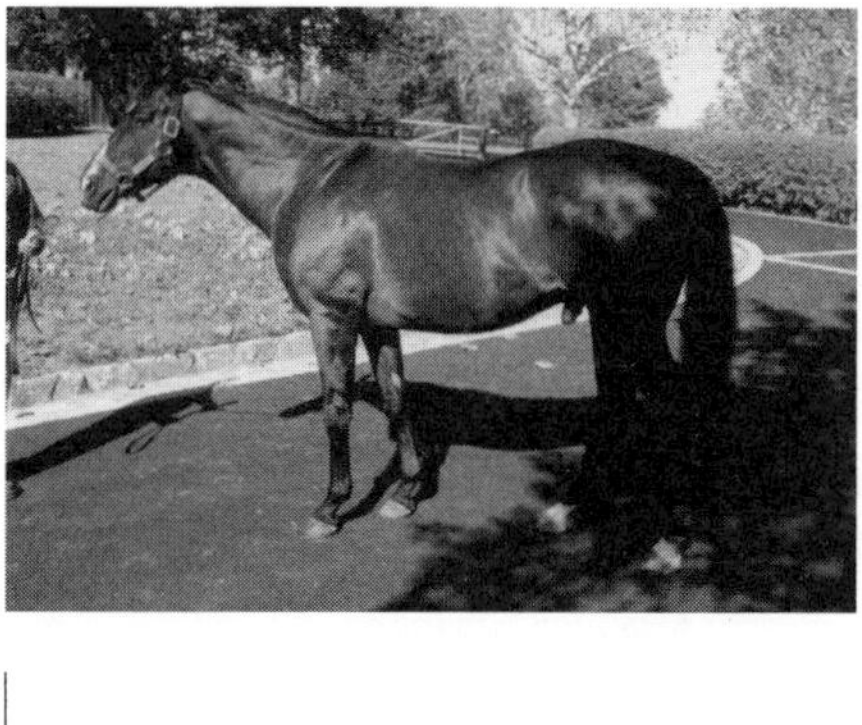

ダンツィヒ（父ノーザンダンサー、母パドノム、アメリカ産、1977～、3戦3勝）。

## 065 信頼性の高い種牡馬となったアジュディケーティング

今後の日本のダート競馬で最も注目される血統は、ダンツィヒ系の中でも、特に最近になってぐんぐん成績を上げてきているアジュディケーティングだろう。タヤスケーポイント、オオギリセイコー、ナモンレグラス、シルクフェニックス、ベルモントオリーブ、ヒノデケーティングなど全国各地で活躍馬が出ていて、それらの中からＧⅠレースで活躍するイエローパワーまでが登場した。アジュディケーティングはダンツィヒ産駒の一流馬として、輸入当時に大きな話題を呼び、初年度産駒からは京成杯3歳Sのアジュディケーターが出てさらに評判が上がったのだが、その後の成績はさっぱりでいつか期待外れの代表のようにいわれるようになっていた。

そしてもう、期待の種牡馬でも何でもなくなってしまうと、ダート競馬で思わぬ活躍をする仔が出てきたが、最初はそこそこ走っても、強い相手と対戦すると苦戦するような産駒が多かった。

しかし、ここ2、3年にはアジュディケーティング産駒がなかなかの成長力を示すようになり、もうＧⅠ勝馬が出てもおかしくないほどまで信頼性の高い種牡馬となった。おそらくイエローパワーに続く一流馬がまだまだ出てくることだろう。日本の重い砂のコースは、決して馬にとって走りやすいものではないけれど、アジュディケーティング産駒は全く苦にしないかのように軽快なスピードを発揮する。

イエローパワーに続く一流馬が期待できるダンツィヒ系の種牡馬「アジュディケーティング」。

## 066 大レースに強いデピュティミニスター系

ダンツィヒと同じノーザンダンサー系のデピュティミニスターはカナダに残されたメールラインで、ほぼダートコースのみで成功し、北米ではリーディングサイヤーとなったけれど、ヨーロッパなどでの活躍馬はほとんど出ていない。日本でも東京大賞典のトーヨーシアトルなどの輸入競走馬がダートで活躍し、後にはフレンチデピュティ、デヒア、ヴィクトリースピーチなどの代表産駒が次々輸入された。アメリカでのフレンチデピュティ産駒のクロフネはこの血統としては珍しく芝コースで活躍し、ＮＨＫマイルＣなどに勝ったが、ダートに転戦するととてつもない強さを示し、アメリカの一流馬も参戦したＪＣダートを大差で圧勝した。やはりフレンチデピュティのアメリカでの産駒ノボジャックもダートのＪＢＣスプリントなどの短距離戦を連戦連勝した。このように産駒の有力種牡馬が日本での生産馬をデビューさせる前に、次々とＧⅠ勝馬を送り出したデピュティミニスター系は、これからの日本のダート戦線に大きな役割を果たすことになるだろう。特にクロフネやノボジャックを出したフレンチデピュティは、ノーザンテースト、リアルシャダイが引退して、サンデーサイレンス、トニービンを失った社台スタリオンのエース格となっており、産駒のクロフネとともに日本の主流血統を築くことになりそうだ。それとともも日本産馬はダート血統中心となっていくことだろう。

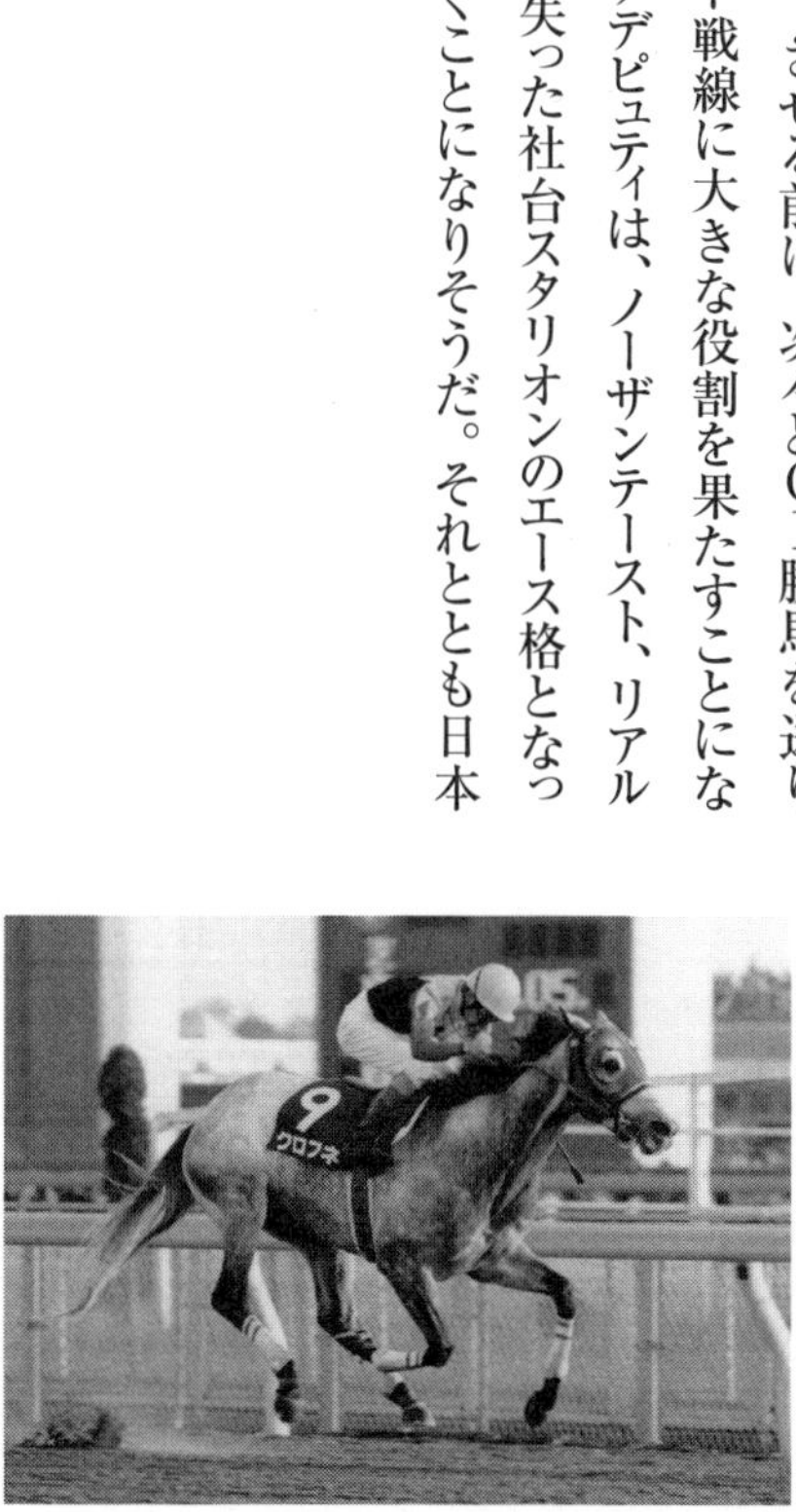

2001年「第2回ジャパンカップダート」クロフネ（父フレンチデピュティ、母ブルーアヴェニュー）。

## 067 不思議血統ブロードブラッシュ

ブロードブラッシュの父系はアメリカで細々と伝えられてきたが、アクアクという活躍馬によってよみがえり、その代表産駒ブロードブラッシュも11の重賞に勝つというタフな活躍をした。ブロードブラッシュは種牡馬としても大成功し、北米のリーディングサイヤーとなったが、産駒の日本への輸入馬は多くなく活躍馬も出ていなかった。

そんなブロードブラッシュの高齢での産駒が日本に輸入されると、ダートのスプリント戦線で大活躍したブロードアピールやフェブラリーSのノボトゥルーが出て、日本のダート競馬を賑わせることになった。両馬ともに追い込み馬で、特にブロードアピールは重い砂コースの短距離戦を猛然と追い込んでくるような、いささか現実離れしたほどのレースぶりに驚かされたが、それも父馬の特異な血脈によって伝えられた能力と考えられる。ノボトゥルーやブロードブラッシュのレースを見ていると、むしろアメリカのスピードレースよりも、日本の力が必要な砂コースに向いていると思われ、もしもっと早く産駒が多数輸入されていたらとも思う。

いずれにしろ特異な血脈を持っているだけに、ダート血統に新たな発展性をもたらす可能性があり、ブロードアピールの繁殖牝馬としての、ノボトゥルーの種牡馬としての可能性には大いに注目される。

ブロードブラッシュ（父アクアク、母ヘイパッチャー、アメリカ産、1983〜、27戦14勝）。

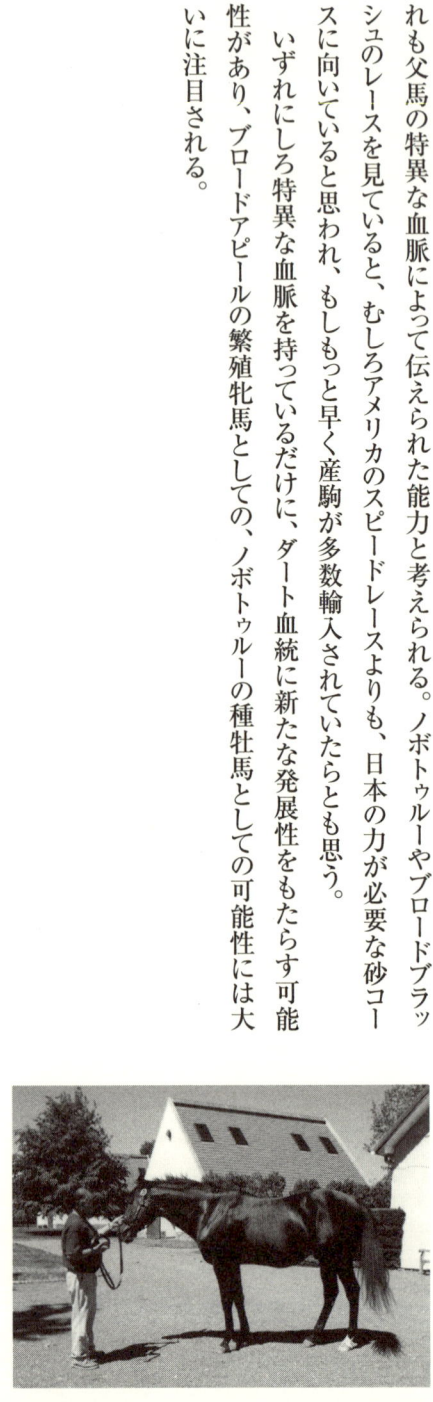

## 068 サンデーサイレンスのダート適性

世界的評価を獲得した日本の偉大な種牡馬サンデーサイレンスの産駒には、芝の大レース勝馬が毎年何頭も出ているのに、ダートでの公認グレードGⅠの勝馬は、サンデーサイレンスの死の少し前に行われたジャパンダートダービーでのゴールドアリュールが最初となった。ＪＲＡの芝競馬の方が賞金が高く、幅広い評価を受けるので、どちらでも勝てる馬なら芝競馬を中心に戦うのも当然かもしれないが、ダートが得意な血統なら、芝で大レースを勝ち悩んでいたような馬がダートでGⅠを勝ったり、アグネスデジタルのように、ダートと芝の両方で活躍するような馬が出てもおかしくなく、やはりサンデーサイレンスの本当の良さは芝コースでの切れ味にあるのだろう。そんな中でトゥザヴィクトリーが世界の最強馬が集まるドバイワールドCで2着となり、ゴールドアリュールがダートで桁外れ強さを発揮したが、この両馬は母の父がヌレイエフという似た血統で、ともに前に行って強いレースをするという点も共通しており、多彩な能力を伝えるサンデーサイレンスは配合次第でダート競馬でも抜群の能力を発揮する仔を出せることがわかった。もともとフィジカルな能力では、過去のどんな血統にも認められなかった驚異的なものを伝える血統だけに、それも当然のことというべきだろう。

大種牡馬サンデーサイレンス（父ヘイロー、母ウィッシングウェル、アメリカ産、1986～2002、14戦9勝）。

## 069 サンデーサイレンス産駒のダート種牡馬としての成功

サンデーサイレンスはより芝コースに適性を持っているとしても、産駒の種牡馬成績ではダートコースが上回っている。ナスダックパワーやサンデーツヨシを出したタヤスツヨシ、インタータイヨウを出したダンスインザダーク、ナノテクノロジーやラヴァリーフラッグを出したマーベラスサンデー、ミツアキサイレンスを出したエイシンサンディなど、最近はダート戦線をサンデーサイレンス系に席捲されつつあるといえるほどの大活躍で、おそらくダートで活躍したイシノサンデーとか、ダートで成功しているロイヤルスキーを母の父に持つアグネスタキオンなどがさらに多くの活躍馬を出すことになるだろう。またダートでの大物産駒、ゴールドアリュールが種牡馬となった時にはさらに大きな期待がかかるだろう。

サンデーサイレンスの直仔には鋭い脚を使うものが多かったが、2代目になるとそうした瞬発力が薄められ、一方で気性面での落ち着きが出て、多少ズブくなった代わりに堅実性が出ているように思う。そうした点でワンペースの走りで強いレースができるダートコースには向いているのだろう。ダートでのサンデーサイレンスの孫は特に信頼性が高いレースができる。

1996年「第57回菊花賞」ダンスインザダーク（父サンデーサイレンス、母ダンシングキイ）。

第3章

# 競馬発展の社会的背景

- アメリカ競馬と日本の地方競馬
- 賭けをめぐって発達したイギリス競馬
- 産業として発展したアメリカ競馬
- 世界のグレードレース事情
- 日本のグレードレース

# アメリカ競馬と日本の地方競馬

## 070 競馬場ごとに異なる主催者&ルール

アメリカ競馬と日本の地方競馬には、ダート競馬中心という以外にも多くの共通性が認められる。ヨーロッパ競馬や日本の中央競馬では、1つの統括団体が強い権限を持っていて、中央集権的に競馬を施行しているのに対し、地方競馬やアメリカ競馬では各都道府県、あるいは州単位で独立した競馬が行われており、アメリカでは州内でもそれぞれの競馬場で主催者が違っているのが普通となっている。最大の主催者ニューヨークレーシングアソシエーション（NYRA）ですら、サラトガ、ベルモント、アケダクトの3場を運営しているだけだから、これも北海道競馬の3場（門別、札幌、旭川）と同じとなる。

アメリカ競馬では州によって多少のルールの違いがあり、例えばNYRAでは法人馬主が認められていないため、他地区の競走馬がニューヨークに来ると、代表者1名の名義によってレースに出走している。他地区で認められている薬品を治療に使っていて、ドーピングにかかるような例も少なくなく、カリフォルニアの競走馬がニューヨークへ遠征するのを避ける理由の1つにもなっている。日本の地方競馬にも栃木県のように、2場で主催者が違っているところがあり、例えばタイム計測の方法とか、出走取り消しの扱いとか、発売馬券の種類など、競馬場単位で違っていることも少なくない。このような点ではアメリカ競馬と日本の地方競馬は共通の悩みを抱えているといえよう。

## 071 アメリカで普及しているサイマルキャスト方式

それぞれの州で法的背景や施行ルールの違っているアメリカでは他地区の馬券発売が難しく、昔は全く売られていなかった。これは主催者自身によってのみ、馬券発売が認められている日本の競馬と似た状況となり、ケンタッキー・ダービーの馬券はニューヨークで買えなかったし、ベルモントSの馬券はケンタッキーで買うことができなかった。

それではファンからの不満が出るのも当然なので、やがて、大レースの著作権や映像を他の競馬場に売り、その映像に対して自場のレースの一つとして馬券を発売する「サイマルキャスト」という方式によって、他場の馬券を発売するようになった。

少し前までは実際に第何レースというように、番組に組み込まれて他の競馬場の馬券を売っていたのだが、最近では日常化して、全国の重要レースのほとんどが開催競馬場のどこでも買えるようになっている。

このサイマルキャスト方式はカジノでも扱われるようになり、ラスベガスやアトランティックシティのカジノではアメリカのレースだけでなく、香港やオーストラリアのレース映像を買って、馬券発売を行っており、カジノへ行けば24時間ずっと競馬が楽しめるようになっている。

すでに世界のどこの国でも、競馬場への入場者数は大きく落ち込んでいて、競馬主催者はむしろ映像ソフトを売ることで経済的に成り立つという時代に入りつつある。

見やすい大井競馬場のスーパーカラービジョン。

## 072 サイマルキャスト方式導入のネックは賭博罪

日本でもサイマルキャスト方式による馬券発売が可能となれば、主催者の違ったレースも簡単に購買できるようになり、発売する競馬場にも収益が出るので申し分はない。実際に各主催者や農水省でも検討されてきたのだが、どうも刑法の賭博罪をクリアできそうにもなく、現在のような地方競馬間の場間場外馬券と、中央競馬の場合は別個の窓口での発売という形式になってしまった。

現実にアメリカではカジノでの馬券発売が可能となっているように、サイマルキャスト方式が可能となると、主催以外の馬券を売るわけだから、ノミ行為が賭博罪ではなく、単なる著作権侵害というような罪でしか罰することができなくなってしまう可能性もある。

アメリカではサイマルキャストの普及と同時進行でギャンブルの認可も進んでいて、かつてラスヴェガスなど、特殊な土地だけで認められていたカジノが、多くの州で開かれるようになった。ヨーロッパやオーストラリアでは、どこでもカジノが一定の許認可によって認められており、日本でも賭博という考え方（賭けは自己責任で行うものなので、基本的には政府が全国的に禁止するような種類のものではない）を改めるべき時期に来ていると思う。現実に地方競馬の間では日本レーシングサービスという共通の機関を設立することでサイマルキャスト方式も可能となり、ＪＲＡとの間でも同様の方法で相互発売が可能となりそうだ。

競馬は共産圏や軍国主義のような強い管理社会でも生き残ってきた唯一の賭けで、世界歴史において、常に自己責任に基づくデモクラシーのシステムの最先端に立っている存在だと思う。

## 073 競馬が歩んだ受難の歴史

競馬は賭けをともない、貴族や大富豪の遊びとして発達してきただけに、世界各地さまざまな受難の歴史を歩んできた。

イギリスとほぼ同時進行で発達してきたフランス競馬やロシア競馬は、革命によって一度は完全に駆逐され、競馬場や生産牧場が取り壊されただけでなく、これらの国で独自に育ててきた競走馬の血脈も完全に絶たれてしまった。その結果、サラブレッドがイギリスのみで発達したわけで、イギリスではクロムウェルによる革命政権が短期間競馬を禁止しただけに終わっている。かつて世界最強の競馬国だったアルゼンチンでも、ペロン革命によってジョッケクルブが解体され、競馬が一気に廃れてしまった。

アメリカでも最初、革命によって競馬が衰退し、19世紀末には賭博行為として競馬が禁止されるという二重の受難を受けている。ニューヨーク州のようにすぐに競馬が再開されたところもあるが、カリフォルニア州、イリノイ州のような有力競馬場を擁する地域が、かなりの長期間競馬を開催できず、テキサス州に至っては再開されたのがつい最近である。

日本の地方競馬も競馬法の成立とともに現在のＪＲＡ競馬以外がすべて非合法となり、終戦後に地方自治体による開催が認められるまでは非公認競馬として細々と命脈を保ってきた。

アメリカ競馬と日本の地方競馬は、長期間にわたる受難の歴史という点でも共通している。

カリフォルニア競馬場再開当時のハリウッドパーク競馬場。

# 074 大井競馬とサンタアニタ競馬の歴史的共通性

アメリカのカリフォルニア州では馬券禁止時代に、国境線に接したメキシコのアグアカリエンテでカリフォルニアのジョッキークラブ主催による競馬が続けられてきた。競走馬もオーナーも調教師もみんなサンフランシスコやロスアンゼルスから通いで競馬に向かい、レースが終わるとまた日本列島を縦断するぐらいの長い旅をして厩舎へ戻るという困難な競馬開催だった。

それでもカリフォルニアではいつか競馬が再開されるものと信じて、ハリウッドの大スターだったビング・クロスビーや映画監督のマービン・ルロイなど、多くの著名なホースメンがさまざまな運動を展開してきた。

オーストラリアの名馬ファーラップを招致して、アグアカリエンテ競馬を全国的にアピールしたのもその一つで、そのような努力が実って1934年にようやくサンタアニタ競馬場とベイメドウ競馬場でカリフォルニア競馬が再開された。

長く非公認競馬として羽田競馬、八王子競馬を続けてきた東京都（戦前は東京府）が、戦後に大井競馬としてようやく公式に認められたのと似通った受難の歴史を歩んできたわけだが、大井競馬とサンタアニタ競馬が姉妹競馬場の縁を結び、重賞競走としてサンタアニタトロフィーが行われるようになったのもそのような歴史的共通性によるもので、このレースには大井競馬とサンタアニタ競馬の競馬開催への喜びが込められている。

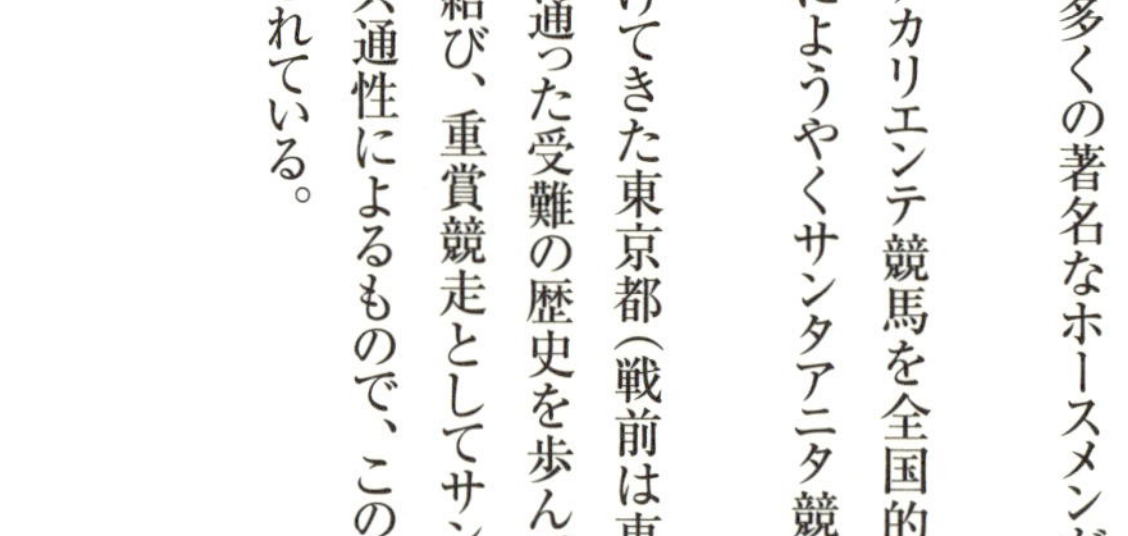

アグアカリエンテ競馬場。

# 賭けをめぐって発達したイギリス競馬

## 075 イギリスで始まった近代競馬とは

近代競馬発祥の地はイギリスとされているが、競馬そのものはずっと以前のギリシャ時代、いやもっと昔のモンゴル平原やコーカサスでも、人が馬に乗るようになった時から行われているはずだ。速く走る馬を選抜して競走馬の血統を育てるという能力検定的な目的で、組織的な競馬が行われるようになったのは中世のドイツで、記録に残っているイギリス最初の競走馬はドイツ産だったという。

では、イギリスで始まった近代競馬とは何だったのだろうという疑問を抱く人がいて当然だろう。ギャンブル？ ピンポーン！ 正解です。

イギリスで行われた競馬と、それまで世界各地で行われてきた競馬の決定的な相違は、賭けをともなうという点だった。むろん賭けもモンゴルやコーカサスの時代からあったもので、競馬に対する賭けも当然行われていただろう。違うのは、公然と組織だってルールを定めた賭け競馬が行われたことで、最初は貴族たちが自分で馬に乗ってどちらが速いかに賭けていたのだが、やがては勝つためにより軽量で馬乗りの巧みな騎手を雇うようになり、オーナーは賭けだけを楽しむようになった。

こうした賭けの進化過程はテニスやゴルフも同じで（競馬のように上流社会のものではないが）、テニスやゴルフの場合も最初はプレイヤー自身の賭けだったのがいつか技能の優れたプレイヤーを雇うようになり、オーナーは純粋に賭けだけを楽しむようになった。

# 076 賭けを通じてルールを発達させた18世紀のイギリス競馬

サラブレッドが発達し始めた時代には、2人のオーナー間の賭けが成立したマッチレースだけが公式戦と認められ、賭けのともなわないレースはトライアルマッチと呼ばれて、非公式戦の扱いを受けていた。マッチレースの成績を集めた刊行物が出版されて、それがレーシングカレンダー（成績書）に発達していったが、そうした時代になると多数の競走馬が一緒に繰り返して走って、最初に2度1着をとった馬が勝馬となるヒート形式のスイープステークスが行われるようになった。

スイープステークスというのは多数のオーナーたちがそれぞれに賭金（ステークス）を出し、勝馬のオーナーがすべてを取る（スイープ）という意味で、何度もレースが行われるので、個々のレースに対しても賭けが行われるようになった。この場合は賭金が決まっていないので、賭けを取り持つ人が生まれ、賭けの予約（ブッキング）を受けるのでブックメーカーと呼ばれた。

やがてブックメーカーは、競馬に参加していない人からの賭けも受け付けるようになり、そうなると1度は負けてもかまわないというルールでは面白くないので、1回限りのレースによって勝馬を決めるようになった。

そのように18世紀の競馬は賭けを通じてルールを発達させていき、今日の競馬を育てていった。競馬と賭けは切っても切れない強い絆で結ばれていて、賭けがあってこその競馬というべきだろう。

18世紀のブックメーカー。

# 077 エクリップスのオーナーはギャンブラーのオケリー

「エクリップスが1着、他はまだ見えない」という有名な誤訳は、ヒート競走時代の賭けのルールを知らない人が訳したものを、多くの人々が孫引きすることによって、日本の競馬界に幅広く知れ渡り、現在でもさまざまな文献に引用されている。

ヒート競走では1着馬から1ハロン以上離されてゴールに入った馬には入着が認められず、自動的に次のヒートに出走できなくなるというルールがあった。

ギャンブラーとして名高いオケリーは、エクリップスの第2ヒートを予想して「1着はエクリップス、2着なし」といったが、これは2着以下がすべて1ハロン以上離されてゴールするという意味で、つまり2着をとれる馬はいないと宣言したことになる。しかし突然他の馬がいなくなるということはありえないと考えた翻訳者は、2着馬が見えないだけだろうと理解したものと思われる。

オケリーは後にエクリップスを購買してオーナーになることで、サラブレッド競馬の歴史に名を残した。エクリップスはサラブレッドの元祖として知られており、現在のサラブレッドの90%以上はエクリップスを父系の祖先としている。そしてその時代にはすでに、オケリーのようなギャンブラーが競馬に対して大きな影響力を持っていた。

サラブレッド競馬はずっと、賭けとともに3世紀の歴史を歩んできて、賭けを通じて世界にデモクラシーを広めてきたともいえよう。

エクリップス。

## 078 民族差が大きい賭けに対する考え方

賭けに対する考え方ほど民族差が大きいものはない。イギリスやオーストラリアでは賭けによる機会均等や自己責任の理念を、デモクラシーの重要なエッセンスと考えて、小学校での教育でも扱われるが、イスラム教諸国の多くでは、賭けを最大の罪悪の一つとして禁じている。人の運命を扱うのは神の業であって、人の関与すべきことでないというわけで、これはイギリスにおいて神の意思から、個人の決断に取り戻そうとしたデモクラシーの理念と全く逆の意味で合致するものでもある。

中国や日本のおける賭けへの罪悪意識は少々違っていて、こちらでは儒教の影響によって、序列を乱してはならないという考え方が強い。目上を敬い目下を労うという秩序が、賭けによって逆転することを恐れるわけで、高い地位の人が破産してはならないし、庶民が突然大金持ちになっても良くないということであろう。

アメリカでの賭けに対する罪悪意識にも、これに共通するところがあって、ピューリタント精神は勤勉実直を重んじ、安易な方法で金銭を得ることを戒める気持ちが根強い。同時にイギリスからデモクラシーの思想を受け継いで、アメリカンドリームという一獲千金の夢をも育ててきたが、その結果アメリカではギャンブルを巡る思想がずっと対立し続け、自治体によって容認する州と禁じる州が分かれており、時代によっても自由化に向かったり、禁止に向かったりしてきた。

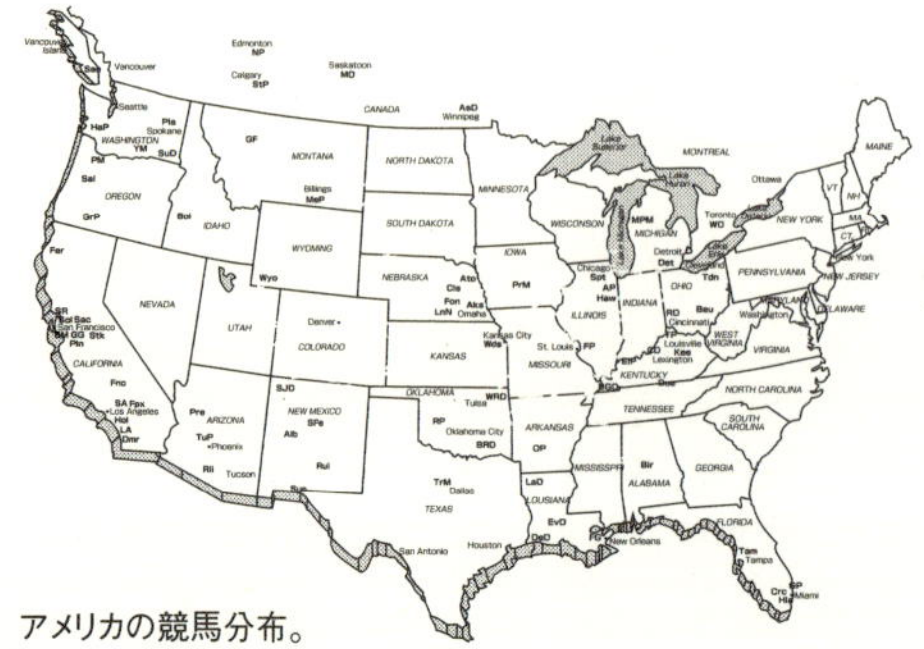


アメリカの競馬分布。

# 079 ブックメーカーによる馬券とパリミュチェル

19世紀までの競馬はブックメーカーによる賭けとともに発達してきたが、ブックメーカーは自分で賭けの倍率を決めるので、当然ながら不正行為に結びつきやすい。つまり、人気馬の倍率を他のブックメーカーよりも高くすることで、多くの賭けを引き受け、人気馬を負けさせることで多額の収入を得るような八百長行為も可能なわけで、虚偽の情報を流したり、賭額をごまかしたり、さまざまな悪事もまかり通ることになる。そうした不正な賭けによる頽廃は、賭けとともに育った競馬にとって避けがたい試練であったといえよう。

19世紀末にフランスで考え出されたパリミュチェルというシステムは、そのような競馬の危機を救うものとなった。パリミュチェルというのは、主催者が馬券を発売し、それぞれの賭率に応じて配当が決まるという現在の日本の馬券方式で、日本のみならず、アメリカ、フランスなど多くの国々の競馬では、この方法以外の馬券は認められていない。

一方、イギリス、ドイツ、オーストラリアなどではブックメーカーによる馬券と、パリミュチェルによるトータリゼータ馬券の両方が認められている。賭けを良くないものと考えない国ではブックメーカーを禁じる理由はなく、いわばこれらの国々は賭けとしての競馬の王道を突き進んでいるわけだが、イギリスやドイツではそのために主催者の収益が少なくて、競馬経営を難しくしており、競馬の衰退を招く原因になってしまった。

ブックメーカー馬券。

## 080

# 外国では低配当でも的中率が高い馬券が人気

大井競馬では日本で最も多くの種類の馬券が発売されているが、枠番連単とか、枠番連複という馬券は日本だけのものだ。また、ワイド馬券もフランス、ドイツなど、きわめてわずかな国でしか発売されていない。その代わり、世界のほとんどの国では2つのレースの単勝を的中させるダブル（重勝）が発売されている。最近ではピックシックス（6重勝）とか、スーパーフェクタ（4以上の連単）もかなりポピュラーになってきて、全体に諸外国では的中率が低く、配当の高い馬券を売ることに熱心なようだ。

その理由は、高配当の馬券ほど控除率が高くて、競馬場が儲かるからではあるが、的中率の低い馬券にはあまり多額のお金をつぎ込むこともないので、ギャンブルとしては健全だからでもある。

しかし、諸外国で人気のある馬券となると、やはり低配当でも的中率が高い単勝、複勝が他を圧倒している。アメリカでは複勝に2着までの払い戻しのプレースと、3着までの払い戻しのショウがあるし、イギリスなどのブックメーカーで買われる馬券のほとんどは単勝か、イーチウエイと呼ばれる単複の組合せ馬券となっている。確かに高配当馬券は賭けというより、くじに近いもので、本当にギャンブルらしいのは、やはりイーヴン（2倍）以下の馬券に高額を賭けるものだろう。そう考えると高配当馬券の方が人気の高い日本の競馬は、まだまだギャンブルとして一人前ではないのかなとも思えてくる。

世界の馬券。

## 081 日本と外国の競馬の違いを生む「賭け」の要素

外国の競馬で単複が売れる理由はレースそのものにもある。もともと競馬は馬主間の賭けによって成立したものなので、馬主も勝てば利益を得るけれど、負ければ出走にかかる費用がすべて自己負担となり、ステークスではさらに登録料などの出費をしなければならない。つまり、勝つか入着が可能な馬しか出走しない仕組みになっており、日本の競馬のように出走手当などが出て、どんどん出走させればそれなりに収入があるというような甘い競馬ではない。

出走馬のほとんどが有力馬となり、日本の競馬のような単勝万馬券というような馬は出ていない。当然ながら賭ける側でも狙い馬が分かれて、それぞれに単勝やイーチウエイで勝負ということになる。

主催者側でもオーナーや調教師に、勝てる可能性のあるレースを捜せるよう、メイドン、クレーミング、ハンディキャップ、アローワンス、ステークスといったさまざまなタイプのレースを用意し、近辺の競馬場の競馬番組から最も勝てそうなレースを選んで使うというのが普通となっている。

このように比較してみると、日本とヨーロッパやアメリカの競馬の相違には、さまざまな面での賭けの要素にあるように思える。馬券の面でもどちらかといえば賭けよりくじに近いものが栄え、馬主は賭けとしてではなく、不動産投資か何かのように馬を持ち、主催者もできるだけ賭けの要素を薄めようと努力している。みんなが自己責任を回避しようとしているようだ。

## 082 展示会や市場の役割を果たした競馬

イギリスで賭けをめぐって発達してきた競馬を大きく変化させたのは、馬の売買を核として新たな経済システムを築き上げたアメリカ競馬だった。

アメリカでも独立戦争の前まではイギリスと同じように、お金持ちが賭けを目的として速く走る馬を求めてきたのではあるが、西部開拓とともに広大な領土の交通、通信、あるいは軍事目的で優れた馬が必要不可欠のものとなり、スピード面で優れたサラブレッドはそうした実用馬の原種として重要な役割を担うようになった。

ヨーロッパや日本では国をあげて馬種改良に乗り出し、大規模な国立牧場を開いてサラブレッド生産を行ったけれど、アメリカでは馬種改良というような考え方が育たなかった。馬はあまりにも日常的な実用家畜だったので、民間レベルで当たり前のように改良され、自由経済として取引のシステムも育っていった。その中心的役割を果たしたのが競馬で、今ならサラブレッド生産の種牡馬としての価値を得るには相当な成績を残さなければならないのが、当時のアメリカなら、それこそ未勝利戦を勝った程度の馬でも、すぐに種牡馬や繁殖牝馬、あるいは乗用馬としてそこそこの評価を受けるようになる。

競馬は株式における証券取引所のように、馬の価値を決定づけ、優れた馬を捜すための展示会の役割も果たし、馬を買いたい人と売りたい人が集まってくる市場にもなっていた。

開拓時代のアメリカ競馬。

## 083 開拓時代の名残、クレーミングレース

開拓時代のアメリカでは小さな街の大通りや、コラルと呼ばれる馬の繋養場で頻繁に競馬が行われ、そうしたレースの勝馬が相応の価格で乗用馬として、あるいは繁殖用として買われていった。

ケンタッキー、テネシーといった西部の入口に当たる土地は、そうした馬の供給地となり、ミシシッピ河を船で上ってきた人々が馬を調達して西部に向かうことになる。特にケンタッキーの中心部は層の厚い石灰土壌で、作物や樹木が育たない草原地帯だったため、馬産が重要な産業となり、早い時期からボストンのような名種牡馬を導入して、サラブレッド生産を行うようになった。値札をつけてレースをするクレーミングレースというシステムは、そんなアメリカで自然に育っていったもので、出走条件はオーナーの希望する販売価格によって決まり、１０００ドルのクレーミング競走なら、１０００ドルでの購買者がいれば売らなければならない。２０００ドルで売りたい馬をそういうレースに出走させると、１０００ドルで買われてしまうので、出走させるわけにはいかず、自動的に出走馬のレベルが揃い競馬そのものも面白くなるというシステムだ。馬の実用性がなくなった現在でも、アメリカのレースの大半がクレーミングレースとなっているのは、競馬を賭けとして面白くするためのベストな方法でもあるからで、実際にほとんどのクレーミングレースがそうも大きな差がつかない接戦となっている。

# 084 アメリカ競馬で行われている5種類のレース

アメリカ競馬ではクレーミング競走、パース競走、アローワンス競走、ハンディキャップ競走、ステークスという5種類のレースが行われており、クレーミング競走に出走させて買われてしまうと困るような馬は、他の4つのレースのどれかに出走させることになる。パース競走というのはクレーミングのつかない未勝利戦や1勝馬など、下級馬のための条件レース（招待レースなどの上級戦もある）で、アローワンス競走というのは少し上級馬のための賞金別定戦。ハンディキャップ競走は中級馬のための負担重量によって能力を均衡化させたレースで、ステークスのハンデ戦とは違って、出馬登録後すぐにハンデがつけられるのでオヴァナイト・ハンデと呼ばれている。

ステークス競走は最上級馬によって、登録料を奪い合う馬主間の賭けとして行われる。ステークスの勝馬は種牡馬や繁殖牝馬として高い価値を持つので、登録料を分担してもらうためのシンジケーションという共同馬主のシステムも発達した。シンジケーションは競走馬だけでなく、高価な種牡馬を導入する時や、繁殖牝馬に高価な種付け料の種牡馬を配合させる時にも組まれることになり、シンジケーションへの投資が競馬の重要な経済活動ともなった。こうしてアメリカの競馬は産業としての経済活動を中心に発達していくようになり、世界から有力種牡馬や繁殖牝馬を導入して、より優れたサラブレット生産が可能となった。

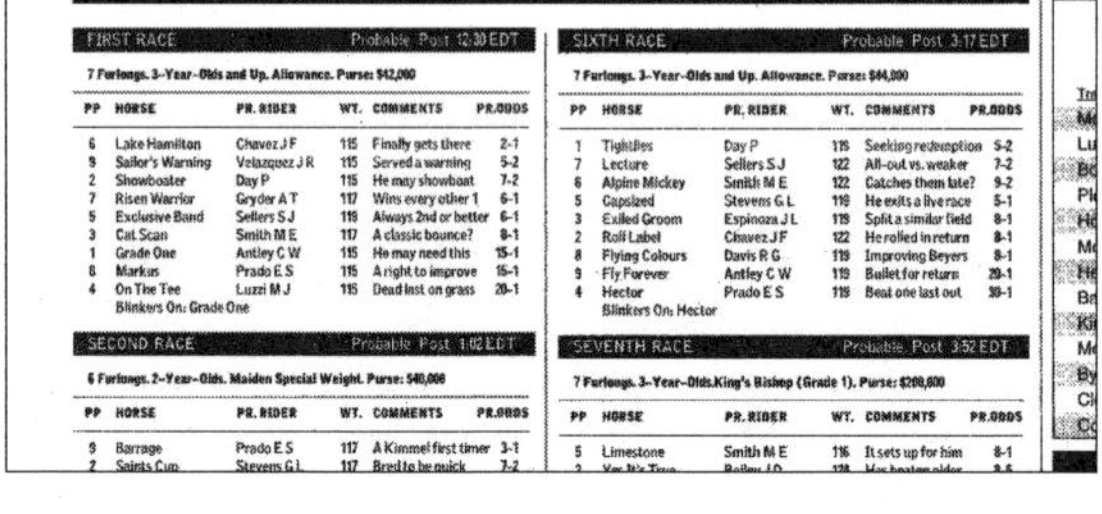

Daily Racing Form Online: www.drf.com

SWEEP / GRADED HANDICAP

FIRST RACE Probable Post 12:30 EDT

7 Furlongs. 3-Year-Olds and Up. Allowance. Purse: $42,000

| PP | HORSE | PR. RIDER | WT. | COMMENTS | PR.ODDS |
|---|---|---|---|---|---|
| 6 | Lake Hamilton | Chavez J F | 115 | Finally gets there | 2-1 |
| 9 | Sailor's Warning | Velazquez J R | 115 | Served a warning | 5-2 |
| 2 | Showboater | Day P | 115 | He may showboat | 7-2 |
| 7 | Risen Warrior | Gryder A T | 117 | Wins every other 1 | 6-1 |
| 5 | Exclusive Band | Sellers S J | 119 | Always 2nd or better | 6-1 |
| 3 | Cat Scan | Smith M E | 117 | A classic bounce? | 8-1 |
| 1 | Grade One | Antley C W | 115 | He may need this | 15-1 |
| 8 | Markus | Prado E S | 115 | A right to improve | 15-1 |
| 4 | On The Tee | Luzzi M J | 115 | Dead last on grass | 20-1 |

Blinkers On: Grade One

SECOND RACE Probable Post 1:02 EDT

6 Furlongs. 2-Year-Olds. Maiden Special Weight. Purse: $40,000

| PP | HORSE | PR. RIDER | WT. | COMMENTS | PR.ODDS |
|---|---|---|---|---|---|
| 9 | Barrage | Prado E S | 117 | A Kimmel first timer | 3-1 |
| 2 | Saints Cup | Stevens G L | 117 | Bred to be quick | 7-2 |

SIXTH RACE Probable Post 3:17 EDT

7 Furlongs. 3-Year-Olds and Up. Allowance. Purse: $44,000

| PP | HORSE | PR. RIDER | WT. | COMMENTS | PR.ODDS |
|---|---|---|---|---|---|
| 1 | Tightlies | Day P | 115 | Seeking redemption | 5-2 |
| 7 | Lecture | Sellers S J | 122 | All-out vs. weaker | 7-2 |
| 6 | Alpine Mickey | Smith M E | 122 | Catches them late? | 9-2 |
| 5 | Capsized | Stevens G L | 119 | He exits a live race | 5-1 |
| 3 | Exiled Groom | Espinoza J L | 119 | Split a similar field | 8-1 |
| 2 | Roll Label | Chavez J F | 122 | He rolled in return | 8-1 |
| 8 | Flying Colours | Davis R G | 119 | Improving Beyers | 8-1 |
| 9 | Fly Forever | Antley C W | 119 | Bullet for return | 20-1 |
| 4 | Hector | Prado E S | 119 | Beat one last out | 30-1 |

Blinkers On: Hector

SEVENTH RACE Probable Post 3:52 EDT

7 Furlongs. 3-Year-Olds. King's Bishop (Grade 1). Purse: $200,000

| PP | HORSE | PR. RIDER | WT. | COMMENTS | PR.ODDS |
|---|---|---|---|---|---|
| 5 | Limestone | Smith M E | 116 | It sets up for him | 8-1 |

レーシングフォーム

# 085 世界の有力種牡馬・競走馬の半数以上がアメリカ産馬

賭けの楽しみとして発達したヨーロッパ競馬と産業として発達したアメリカ競馬では、経済力の差が出て当然で、ナスルーラのシンジケーション以降はアメリカ競馬が国際的なサラブレッド生産の主導権を握るようになり、その後はぐんぐんリードしていって、現在では世界の有力種牡馬や最強クラスの競走馬の半数以上のパーセンテージをアメリカ産馬が占めるようになってしまった。

アメリカ競馬は産業として発展してきたため、競走馬の能力比較を何よりも優先し、ダートコースによる平坦小回り、すべて左回りという均一なコースで行われる。それだけにヨーロッパのような坂があり、長い直線もある芝競馬の豪華さと多様性には欠く面は否定できない。そのため、アメリカの大オーナーたちも、一時期にはアメリカで生産した馬をヨーロッパに連れていって競馬をさせたが、経済的な差はヨーロッパ競馬をさらに低落させていき、最近ではヨーロッパで活躍しても、さほど種牡馬としての価値が上がらなくなって、ほとんどの有力血統馬はアメリカのダートコースで走るようになってしまった。

産業として発達したアメリカ競走は、ブリーダーズCのような直接的に馬産と結びついた競走システムを発達させ、さらに経済力の面でヨーロッパとの格差を広げつつある。それとともに競馬の主流も芝競馬からダート競馬に移りつつあって、今はダートの最強馬が世界の最強馬となっている。

## 086

# 馬産を巻き込んだ大イヴェントＪＢＣ

日本では中央競馬がヨーロッパ型の競馬を目指し、地方競馬がアメリカ型の競馬を目指してきたが、大きく違うのは、日本の地方競馬がアメリカ競馬のような産業としての広がりを持たなかった点だろう。長い間、日本の地方競馬はレースを行って、馬券を発売するという自己完結的な経済システムの中だけで成立してきた。

しかし、最近になって北海道競馬が馬を売ることを目的としたレースを行うようになり、有力種牡馬の種付け権利を賞品にしたレースも誕生している。２００１年に大井競馬場で最初に行われたＪＢＣシリーズ（２年目以降は持ち回り開催）は、初めて馬産を巻き込んだ大きなイヴェントとなり、アメリカ型のスケールを持った産業競馬も育ちつつある。

それが優れた経済効果を発揮するまでには多少の時間がかかるだろうが、少なくとも日本のダート競馬が、本来のダート競馬のあり方に近づきつつあることは確かだろう。

もともと地方競馬では、北海道や東海の有力馬が南関東に買われてきたり、南関東のＡ級馬が岩手に買われていったりという例も多く、それらが新しい土地で大活躍しているケースも多い。レースぶりを見て、次にも馬券を買おうと考えるのと同じように、その馬を買って活躍させたいと考えるのも競馬の大きな楽しみとなり、そうした夢を比較的容易に実現してくれるのがクレーミングレース中心のアメリカ競馬でもある。

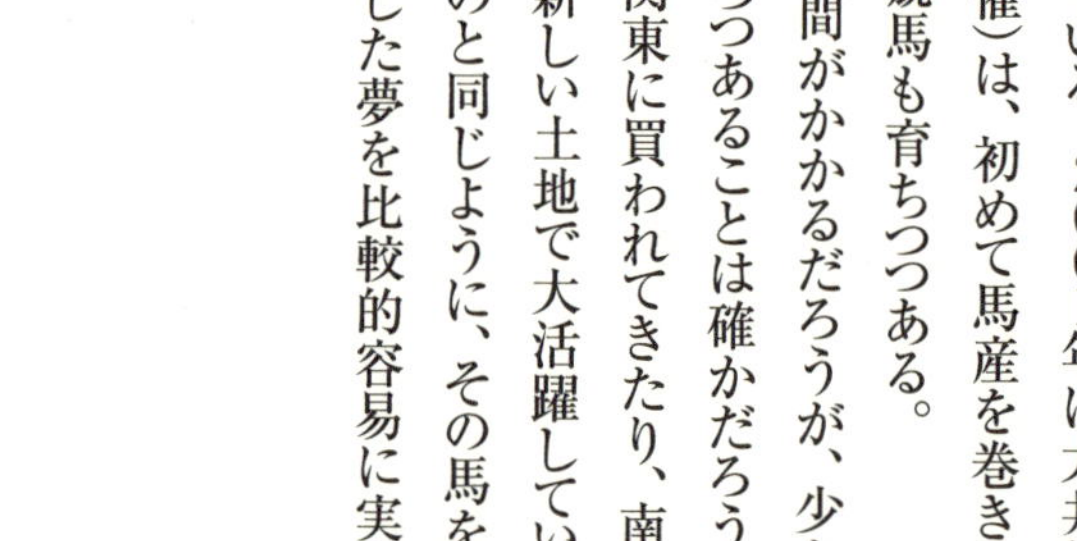

今後の発展が期待できるJBC。

## 087 重賞と呼ばれるレースの位置づけ

重賞競走という表現はかなり便宜的に使われていて、地方競馬ではそれぞれの主催者が毎年、同時期、同条件で行われる高賞金（その地区なりの）レースを示すが、中央競馬ではグレードレースに限定されて使われている。イギリスでのパターンレースという表現もグレードレースに限定されているが、アメリカで同様の意味を持つステークスの場合は、日本の地方競馬と似たような雑多なものとなっている。

アメリカや日本の地方競馬には、極めて小規模の競馬主催者があって、そうした競馬場でも規模に応じたチャンピオン戦があるので、それらに全国レベルでのグレードレースと同じような意義を地区単位で与えたものといえよう。

しかし、現在の南関東競馬のように、グレードレースと同規模の地区重賞が並行して行われるというのは異例のことで、競走体系として扱いに困るし、ファンや関係者にも混乱を招くものになる。むろん、南関東の各主催者もそのように考えてはいるが、いきなりすべての重賞を全国の有力馬に開放すると、それまで活躍してきた地元馬が勝つのは容易でなくなり、オーナーや厩舎関係者には大きなリスクとなってしまう。ファンにとってもＪＲＡや他地区から来た馬ばかりが活躍するのではつまらないという一面もあり、少しずつグレード競走化していくという方法を取らざるを得なかった。むろん、いずれは全国グレードに統一されることだろう。

# 088 ハンデ戦をグレード認定して成功したメルボルンC

イギリスで重賞競走という考え方が生まれた当時の高賞金レースのほとんどはハンディキャップレースだった。春先に行われるケンブリッジャーSがその頂点にあり、毎年30頭以上もの馬が出走して、強い馬は重いハンデを背負って走るため、勝馬を当てるのは容易でない。それだけに高配当が期待できて、かつてのロンドン中のパブでは春先にケンブリッジャーの予想が最大の話題となっていた。

ケンブリッジャーSは今でもかなりの人気を持続しているが、グレードの制定ではハンディキャップレースであるために重賞と認められず、今ではイギリス国内以外ではほとんど話題となることはない。

このケンブリッジャーSの伝統を現代競馬に持ち込むことに成功したのが、オーストラリアのメルボルンCで、当初はオーストラリアでもハンディキャップレースをグレード認定してよいものかどうかという疑問が生じた。しかし、メルボルンCはゴールデンスリッパーSとともにオーストラリア最大のレースで、これをグレードと認めないと、オーストラリア競馬の人気が大きな打撃を受けることになる。そのため、最初は正規のグレード以外にハンデ戦のグレードを設定し、やがてハンデ戦も正規のグレードとして認められ、メルボルンCは世界の大レースとして名を残すことができた。

最近では北半球からも多くの馬がメルボルンCに参戦している。

19世紀のメルボルンカップ。

## 089 グレード制度の制定まで

グレードレース（ヨーロッパやオーストラリアではグループレースと呼ぶ）という考え方を最初に導入したのはフランス競馬だった。フランスは日本のＪＲＡのような中央集権的な競馬組織を持っていて、自由にレース体系を編成できたので、凱旋門賞やパリ大賞を頂点に、個々の重賞レースをランク分けし、それに応じた賞金配分、負担重量条件、施行時期などを定めていた。

しかし他の多くの競馬国では個々の競馬場や主催者が、それぞれに人気を呼びそうなレースを勝手勝手に設置していて、出走条件や時期もまちまちで、年度によってレースの意義も変わっており、極端には1年だけ高賞金の大レースとして施行されながら、次の年度にはほとんど下級レースに近い存在となることも珍しくなかった。

そういう国にこそグレード制度が必要とされ、どのレースを勝てばどれだけの評価が生じるという目安が求められる。イギリスには数多くの伝統的な有名レースがあり、それらの中には伝統と知名度だけはあっても、実質のともなわないレースも少なくなかった。それらを賞金額や出走条件などによって格分けをして、最上位から3つのグループのレースを定めたが、それがグレードレースの始まりとなり、１９７１年にフランス、イギリス、アイルランドの3か国によってスタートした。後にドイツ、イタリアが加わり、やがてはアメリカ、オーストラリアなども参加するようになった。

# 090 国際グレードの成立

グレード制度の最大の目的は競走馬の取引を公正なものとするためで、かつてのセリ名簿やスタリオン・レジスターには怪しげな○○ダービーであるとか、××大賞とか、△△カップというようなレース名が、あたかも大レースであるかのように記載されていた。自国のレースならそれなりにわかっても、他の国のレースとなると本当の大レースと混同してしまうことも少なくない。また、伝統のある有名レースと、新しい高賞金レースのいずれが本当に価値あるものなのか、スポンサーの変更で名前の変わっているレースが、かつてのいかなるレースを引き継いだものなのか、など、一目で目安となるような記述が必要となり、「国際カタログ委員会」という機構が発足して、各国のレースのグレードを認定するようになった。カタログというのはセリ名簿のことで、セリ名簿では公正な取引のためにこの委員会の定めた基準によって、各馬の血統表記をすることが義務づけられるようになった。

この時に競走馬や生産馬が一定の能力レベルに達していて、レースの出走条件が国際開放されている国として、イギリス、フランス、ドイツ、イタリア、アイルランド、アメリカ、カナダ、オーストラリア、ニュージーランド、アルゼンチン、ブラジル、チリ、ペルーの13か国がパート1国に選ばれ、これらの国のグレードを国際グレードと定められた。後にアパルトヘイトの廃絶によって国際社会に復帰した南アフリカやヨーロッパで活躍しているUAEも加わっている。

世界のセリ名簿。

## 091 アメリカでのグレード認定方法

アメリカでは州によって競馬状況が違っており、賞金格差も能力格差も大きく開いている。しかも全国的な競馬統括機関がないのでグレード設定にはかなりの準備期間を必要とした。最初は主催者単位の競馬規模に応じて、3歳戦、芝レースなど各分野別にグレードを配分し、その後は個々のレースについて、パフォーマンスレートと呼ばれる出走馬のレーティングを作成した。勝ち負け関係と着差によって評価値を決定し、1着馬から4着馬まで（ほとんどのレースは4着までは賞金が出ているので）の平均値によって、それらのレースの出走馬レベルを求め、その数値によって、グレードを決定していくという方法だった。

このグレード評価によって、かつてはセミクラシック級の大レースだったデラウエア・オークス、レディズSなど、多くの名レースがGⅠから格下げされていったが、それらのレースの出走条件とか、日程とか、賞金とか、距離がGⅠレースに相応しくないものと判断されたことになる。

このアメリカ競馬のグレード認定方法はかなり優れたものと評価され、ヨーロッパでも同様の方法でグレードの格上げ、格下げが行われるようになった。この際にグレードレースの出走馬を評価するパフォーマンスレートは「インターナショナル・クラシフィケーション」と呼ばれる国際的なレーティングに改められ、国際的な「クラシフィケーション会議」によって決定されるようになった。

●2001年　国際クラシフィケーション（4歳以上）

| レイティング(ポンド) | | キロ | 馬名 | 父親 | 性齢 | 産地 | 調教 | S | M | I | L | E | 主な成績 |
|---|---|---|---|---|---|---|---|---|---|---|---|---|---|
| 133 | | 60.0 | サキー Sakhee | Bahri | 牡4 | 米 | 首長 | | | 133 | 133 | | 凱旋門賞仏GⅠ |
| 129 | | 58.5 | ファンタスティックライト Fantastic Light | Rahy | 牡5 | 米 | 首長 | | | 129 | | | BCターフ米GⅠ |
| 128 | D | 58.0 | ティズナウ Tiznow | Cee's Tizzy | 牡4 | 米 | 米 | | | 128 | | | BCクラシック米GⅠ |
| 127 | D | 57.5 | デラウェアタウンシップ Delaware Township | Notebook | 牡5 | 米 | 米 | 127 | | | | | フォアゴーH米GⅠ |
| | D | | コナゴールド Kona Gold | Java Gold | 騸7 | 米 | 米 | 127 | | | | | サンカルロスH米GⅠ |
| 125 | D | 56.5 | アルバートザグレート Albert the Great | Go For Gin | 牡4 | 米 | 米 | | | 125 | | | サバーバンH米GⅡ |
| | | | スリックリー Slickly | Linamix | 牡5 | 仏 | 首長 | | 125 | | | | ムーランドロンシャン賞仏GⅠ |
| 124 | D | 56.0 | アプティチュード Aptitude | A.P.Indy | 牡4 | 米 | 米 | | | 124 | | | ジョッキークラブ金杯米GⅠ |
| | | | ビエナマード Bienamado | Bien Bien | 牡5 | 米 | 米 | | | 124 | | 123 | サンファンカピストラーノ招待H米GⅠ |
| | D | | コーラーワン Caller One | Phone Trick | 騸4 | 米 | 米 | 124 | | | | | ドバイゴールデンシャヒーンGⅡ |
| | | | ハイトーリ Hightori | Vettori | 牡4 | 仏 | 仏 | | | | 124 | | フォワ賞仏GⅡ |
| | D | | リドパレス Lido Palace | Rich Man's Gold | 牡4 | チリ | 米 | | 124 | | | | ウッドワードS米GⅠ |
| | | | ヴァルロイヤル Val Royal | ・ロイヤルアカデミー | 牡5 | 仏 | 米 | | 124 | | | | BCマイル米GⅠ |
| 123 | | 55.5 | ・エイシンプレストン Eishin Preston | Green Dancer | 牡4 | 米 | 日 | | 123 | | | | 香港マイルGⅠ |
| | | | ジムアンドトニック Jim And Tonic | Double Bed | 騸7 | 仏 | 仏 | | 123 | | | | ドバイデューティフリーGⅡ |
| | | | シルヴァノ Silvano | Lomitas | 牡5 | 独 | 独 | | | 123 | | | アーリントンミリオン米GⅠ |
| | D | | スウェプトオーヴァーボード Swept Overboard | ・エンドスウィープ | 牡4 | 米 | 米 | 123 | | | | | アンシェントタイトルBCH米GⅠ |
| 122 | | 55.5 | フェアリーキングプローン Fairy King Prawn | ・デインヒル | 騸6 | 豪 | 豪 | | 122 | | | | チェアマンズスプリントプライズ香港GⅠ |
| | | | カラニシ Kalanisi | Doyoun | 牡5 | 愛 | 英 | | | 122 | | | 2着プリンスオブウェールズS英GⅠ |
| | | | ノーザリー Northerly | Serheed | 騸5 | 豪 | 豪 | | | 122 | | | コックスプレート豪GⅠ |
| | | | サモナール Summoner | Inchinor | 牡4 | 英 | 首長 | | 122 | | | | クイーンエリザベスⅡ世S英GⅠ |

インターナショナル・クラシフィケーション。

## 092 日本の統一グレード認定は1996年にスタート

日本ではＪＲＡ、南関東、東海といった個々の主催者団体がグレード制度を営業目的に利用して、それぞれの人気レースをグレード重賞としてきたが、１９９６年にＪＲＡ、ＮＡＲ、全国主催者協議会の3者によるダート格付け委員会が設立され、国際機関と同じ形式でのグレード認定が行われるようになった。

ＪＲＡの競走馬の厩舎難、出馬ラッシュ、地方競馬の不振など、さまざまな理由はあったにせよ、この時に日本で初めて競馬の全国機構が誕生したのは画期的なことといえよう。当初は高賞金の全国規模レースをＧⅠからＧⅢまでに認定していったが、このダートグレードは国際基準どおりに、レースレートに応じてグレードの上げ下げを行うようになる予定で、日本がパート1国として認められた場合も、そのままのグレードを継続できるものになっている。

一方芝レースに関しては、グレードレースとして行っているものがＪＲＡにしかないため、今もＪＲＡによる「自称グレード」しかないが、国際カタログ委員会にはＪＲＡしか出席していなかったため、ＪＲＡは自称グレードをそのまま日本のグレードとして通してしまったようだ。むろん、こちらも全国の競馬団体の承認を受けて、公式なグレードに改められなければならない。

全国的な認定機関ができても、国際基準に統一されるまでは時間がかかりそうで、それが日本社会の不思議なところと思う。

## 093 GⅠに認定された6レースは個性豊か

日本に統一グレードが認定された時、大井の帝王賞、東京大賞典、川崎の川崎記念、盛岡の南部杯、ダービーグランプリ、東京のフェブラリーSという6つのレースがGⅠに認定された（のちにJBCクラシック、JBCスプリント、ジャパンダートダービー、JCダート、全日本2歳優駿が加わった）。フェブラリーSはそれまで格下のレースだったが、この年からJRAダート競馬の最高賞金レースとなり、帝王賞、川崎記念、南部杯、ダービーグランプリは、早い時期から広域交流レースとして多くの名馬を送り出していた。東京大賞典の場合は交流レースとなるのが遅かったが、ダートの最強戦として最も古い歴史を持っている。

これら6つのレースはGⅠに認定されると、それぞれになかなかの個性を発揮し、１６００メートルと２０００メートルの2種類しかないのに、各レースの印象ははっきり違ったものになっている。ダービーグランプリは3歳戦なので違って当然だが、同じ１６００メートルでも南部杯はスピード争いとなって、スピードについていけない馬が捨てられていくのに対し、フェブラリーSでは直線での激しい叩き合いとなって、底力の争いとなることが多い。東京と盛岡は似た形状の競馬場なのに、そうした相違が出るのはおもしろいと思う。

川崎記念では強い馬が圧倒的な力を示すことが多いけれど、帝王賞では成長期の勢いに乗った馬が長い直線での最後のバトルを制するというケースが多く、帝王賞という名のとおり、このレースで新しい帝王が誕生することになるようだ。

＜統一グレードで最初に認定された6レース＞

| | | |
|---|---|---|
| 帝王賞（大井） | 2,000m | 1978年スタート |
| 東京大賞典（大井） | 2,000m | 1955年スタート |
| 川崎記念（川崎） | 2,100m | 1951年スタート |
| マイルチャンピオンシップ南部杯（盛岡） | 1,600m | 1989年スタート |
| ダービーグランプリ（盛岡） | 2,000m | 1987年スタート |
| フェブラリーステークス（JRA） | 1,600m | 1984年スタート |

＊川崎記念は第48回（1999年）から2,100mで実施。

# 094 大井2000メートル戦～東京大賞典と帝王賞

東京大賞典と帝王賞も同じ大井の2000メートル戦なのに、かなり違ったタイプのレースとなる。春競馬と秋競馬という時期的な相違もあるだろうが、交流レースとして育った帝王賞と、南関東の伝統的なレースという歴史の違いも影響しているようだ。

伝統ある東京大賞典は南関東の関係者にとって最大の目標レースとされ、実際に秋競馬の後半から使い始めて、東京大賞典を目標に仕上げられてくる馬が多い。

帝王賞の方はむしろ、その前にダートの重賞が多くないために、ＪＲＡのダート馬が最大の目標にしてくる傾向が強いように思う。にも関わらず結果は全く逆で、帝王賞ではＪＲＡの人気馬が負けることが多く、ＧＩに認定後の東京大賞典ではまだ、南関東の馬はアブクマポーロしか勝っていない。

おおむね帝王賞が大きくは荒れないのに対して、東京大賞典は人気通りの結果となることが希だけれど、これも1年間のレースで評価の定まった馬が多い総決算レースとしては不思議なことと思う。

そして荒れることが多いので、このレースを人気で勝った馬の強さが際立つといえるだろう。古くはオリオンホース、ヤシマナショナル、フジプリンス、ハツシバオー、トラストホーク、サンオーイ。最近ではロジータ、アブクマポーロなど、いずれも一時代を築いたダート競馬の王者たちで、確かに東京大賞典は名馬を選抜する名レースでもある。

1982年「第28回東京大賞典」トラストホーク（父シーホーク、母シマ）。

## 095 荒れる東京大賞典を制するのは底力の優れた馬

東京大賞典は1955年に「秋の鞍」の名でスタートしたが、最初は名の通り秋競馬の真っ盛りに行われていた。距離も2600で始まり、3000、2800と変動し、1998年から2000メートルとなっている。

そのように距離が変わっても、意外にこのレースの特徴には一貫性があり、確実に底力の優れた馬が勝っている。過去に最も荒れたのは7歳のスズユウが勝った85年のレースだが、スズユウは3歳時に東京ダービーを勝った馬で、東京ダービーでも単勝万馬券の大穴を開けている。つまり力はあるがそれを持続できない馬ではあったといえるのだろう。

名馬カウンテスアップが勝ったときも好配当になったが、カウンテスアップはそれまでスプリンターとして活躍しており、まさか3000メートルレースでも、それだけの力を発揮できるとは思えなかった。荒れるのはそのように状態や距離適性を離れて強い馬が勝つ傾向があるからで、それが東京大賞典の少々他のレースと違った一面と思う。テツノカチドキはこのレースを2度勝ったが、2度とも人気薄で、勝たれてしまえば当然の馬といわれたものだった。

強い馬が負けることが多いのも東京大賞典の特徴で、ヒカルタカイ、ロッキータイガー、スイフトセイダイといった名馬がいずれも2着に終わって、このレースの勝馬となれなかった。

1999年のメイセイオペラの思わぬ惨敗もまた、東京大賞典らしい出来事の一つといえるかもしれない。

1986年「第32回東京大賞典」カウンテスアップ（父フエートメーカー、母カウンテスドレスアップ）。

第4章

# 競走馬の能力と能力評価システム

- 競走馬の年齢と能力
- 2歳戦、3歳戦の楽しみ方
- 負担重量というシステム
- 世界のハンディキャップレース
- 世界の能力評価基準
- インターナショナル・クラシフィケーションの役割
- トーシンブリザードにみる競走馬の能力

## 096 国によって異なる加齢日

２００１年から馬の年齢呼称が一斉に1つずつ少なくなって、国際的な年齢呼称と同じになった。「数え年から満年齢に変わる」といわれているが、馬の場合は本当の満年齢ではなく、北半球では1月1日に、南半球のほとんどの国では8月1日、南米のアルゼンチン、チリ、ウルグアイなどでは7月1日に一斉に1つ加齢をするという数え年的なもので、要するに生後どれだけの年月を経たかというより、どの年度生まれの世代に属するかを示すものといえよう。

南半球の多くの国では7月1日ではなく、8月1日を加齢日としているのは、馬の出産時期が8月から始まるからで、それによって、より満年齢に近いものとなっている。一方、南米で7月1日に加齢するのは、ヴェネズエラのような北半球の国やブラジル、ペルーといった南北半球にまたがった国が地域内に存在し、半年単位で括っておかなければ混乱が生じるからだ。

南米には国際的な競馬統括機関があって、諸国間の交流も盛んだが、南北半球の双方から馬が集まるので、何歳という表現をほとんど使わず、それぞれに何年生まれと表記されている。馬の年齢が7月1日に変わるとしても、競馬そのものは、その日で年度が括られるわけではなく、南米のすべての国で1月1日から競馬年が始まることになっている。２０００ギニーにあたるレースが実際には2歳戦として行われることも、2歳のチャンピオン戦が日程の関係で、3歳戦として行われることもあるのでとまどうこともある。

## 097 必要とする運動能力によって異なる競走馬のピーク

馬は5歳で、人での20歳に該当する成馬となる。生物は生まれたときから一部に老化が始まり、一部で成長が始まるが、成長よりも老化による変化が主となる時期を成人とか成馬と呼ぶ。5歳という成馬の時期はあくまでも平均値であって、例えば骨格が成熟する時期なども、部位によって年齢が異なっており、思考力や運動能力についても、思考する分野や運動する内容によって成長のピークが異なっている。

運動能力というものは、おおむね肉体的な筋力と精神的な集中力によって決定づけられ、筋力中心の競技は若い時期に優れているが、集中力を争う競技ではある程度の成熟が求められる。人でいえば、水泳、陸上の短距離、体操など、筋力中心のスポーツでは20歳の成人以前に優れた能力を発揮し、ゴルフ、野球、射撃など集中力を争う競技では、むしろ30近くなった頃にピークを迎える。

馬の場合も、サラブレッドのフラットレースでは成馬に至る5歳までに平均的なピークを終えるけれど、障害レースとなるとむしろ5歳から最も優れた能力を発揮するようになり、馬術競技になると人での30歳ぐらいに相当する10歳以降に最良の成績を残している。

競技年齢として、2歳レースは中学水泳選手権に近いもので、確かに水泳ではその時期に世界レベルの選手が出現している。3歳のクラシック戦線は高校水泳選手権のようなもので、この時期には天才的なスイマーが大活躍する。

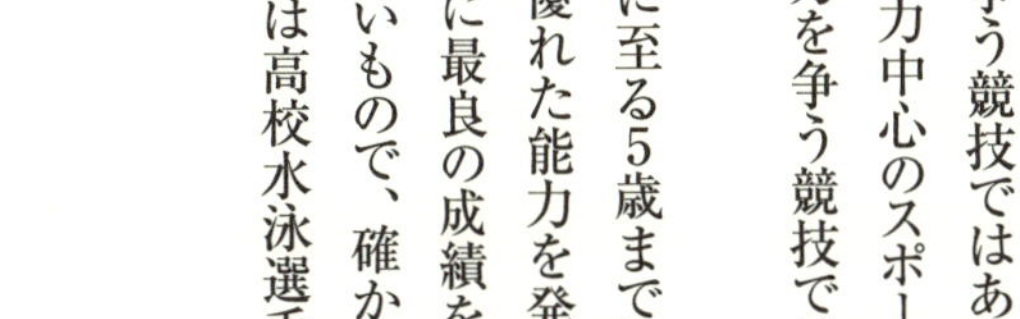

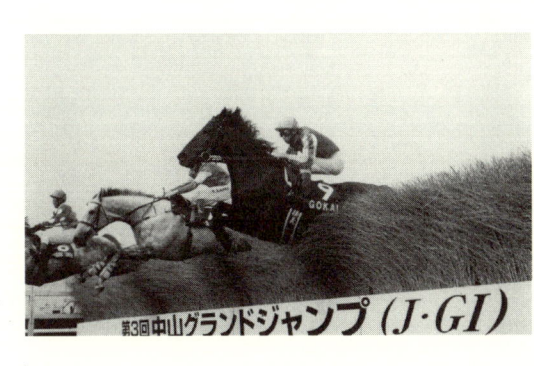


ゴーカイ8歳時の2001年グランドジャンプJ・(ＧＩ)。2000年の7歳時につづき同レースを連覇。

## 098 フィジカルな能力は3歳時に判断

競馬も18世紀までは馬術競技と同じように、5歳ぐらいで新馬としてデビューし、10歳ぐらいで能力のピークを迎えていた。当時の競馬は６０００メートルから８０００メートルぐらいの距離を走り、それもヒート競走と呼ばれるルールによって、2勝することで初めて勝負が決まるような勝ち抜き戦だったので、人のスポーツでいえば水泳よりも、マラソンなどに近い運動といえよう。つまり筋力よりも、いかに力をセーヴできるかとか、どれだけ馴致されているかといった乗馬としての優秀さが求められていたわけで、若い馬には無理な競技でもあった。

しかし、距離が短くなり、1回勝負のダービーのようなレースが誕生すると、スタートからゴールまで力一杯走る激しい運動能力が求められるようになり、そうなると人の場合の競泳のように、若い体力が優勢となっていった。競泳では高校生頃に最も能力差がはっきり表れるように、馬の3歳時はフィジカルな能力の最大の成長期にあって、優れたものと、劣ったものの差が最も大きくひらくので、種牡馬や繁殖牝馬の選別に適しており、そうしたことを経験的に知ったサラブレッド生産者はクラシック戦線での活躍を特に重視するようになった。現在でも2歳や3歳の成長期に大活躍した馬が種牡馬として人気を得るのは、この時期の競走成績が遺伝的な天分に基づくもので、特に筋力を中心としたフィジカルな能力として信頼性が高いと考えられるからだ。

## 099

# 活躍する高齢馬も連戦連勝は厳しい

オースミダイナーが12歳でグレード重賞を勝ったり、ジャパンCに来日したジョンズコールが9歳で一流馬にのし上がったり、同じく9歳のブライアンズロマンが勝ち数のレコードをつくったりと、最近は高齢馬の活躍が目立っている。確かに10歳ぐらいまでは成長し続ける肉体組織もあるし、筋力などは急に老化するというものでもない。それも個体差があるので馬によっては10歳前後まで活躍して不思議はなく、人でいえば30ぐらいで水泳選手として世界選手権レベルの活躍をする人がいて不思議がないのと同じといえよう。

ただ、代謝活動は成長とともに低くなるので、1つのレースの後の疲労、ストレスは高齢になるほど大きく、若い時期のように上り調子に乗って連戦連勝というわけにはいかない。オースミダイナーのその後の不振や、ジョンズコールのジャパンC、ブライアンズロマンのとちぎ大賞典での敗戦などは、そうした理由によるものと考えられる。

馬券作戦としても、若い馬が前走を勝ち上がってきた時には、充実途上と考えて追いかけて良いと思うけれど、高齢馬が激しいレースを制した後などは、人気でもそうは体力が続かないかもしれないと疑ってみるのが良いと思う。

同じようにレースをしていても、やはり若い馬と高齢馬では肉体組織も、精神的な気力や集中力も異なっており、2歳戦、3歳戦のような力任せのレースは高齢馬に向かないと思う。

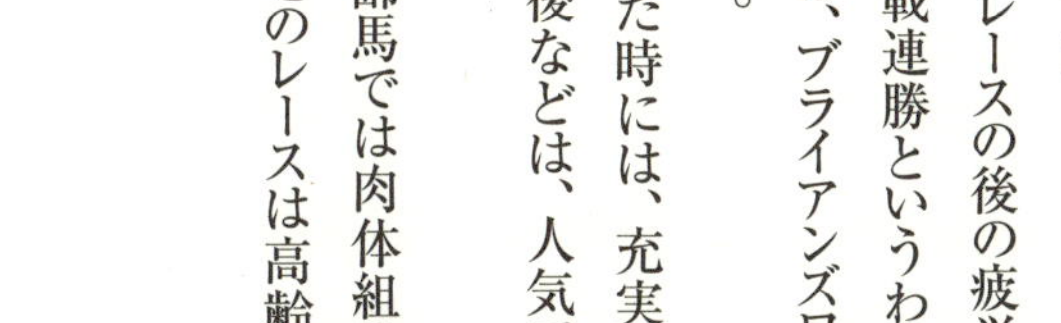

2000年「第10回北海道スプリントカップGⅡ」オースミダイナー（父ギャロップダイナ、母タケノパール）。

## 100

# 高齢馬に有利なコース・距離・展開

競馬で若い馬が活躍し、馬術競技で高齢馬が優れているように、若い馬は激しい運動に適し、高齢馬はステディな運動に向くといえるだろうが、フラット競馬に限定しても、比較的タイムのかかる日本でのダート競馬や、アメリカでの芝競馬に高齢の活躍馬が多く、重賞勝馬の年齢も、日本では芝よりダートの方が平均年齢が高く、アメリカではダートより芝の方が平均年齢は高い。

また比較的ゆったりとした展開となる長距離レースでは高齢馬が活躍することが多く、スタートからゴールまで激しい争いを続けるような短距離戦、中距離戦では若い馬の方が優勢というべきだろう。

このため、ヨーロッパ競馬には短距離戦を2歳以上の混合戦としている重賞もかなりあって、イギリスのナンソープSGIやフランスのラ・フォレ賞GIでは2歳馬が古馬を相手に勝つことも珍しくない。

ただ、スプリント戦の場合は、中距離レースよりも単調な競馬になることもあるので、高齢馬が活躍することも少なくなく、中距離戦でも、ばらけた展開となり、平均ペースで逃げ切るとか、ばてた馬を捕らえるだけとか、そうしたレースでは高齢馬が活躍することがある。

単一主催地だけの競馬で、高齢馬が活躍する傾向にあるのは、必ずしもそうした地区の競走馬がタフというわけではなく、少頭数の似たようなメンバーによる単調なレースが多いからでもある。

## 101 距離血統と早熟型・晩成型は別物

競走馬の活躍年齢には遺伝的な一面もあり、もともと若い時期に激しい運動への適合性が高いのも未成熟な仔馬が肉食動物から逃れるためには、大人以上の激しい運動を必要とするため、遺伝因子がそのように発現するからで、それぞれの遺伝因子の相違によって早熟な血統と、晩成型の血統という個体差もある。

スピード血統の馬が比較的早熟で、ステイヤー血統の馬が比較的晩成型なのも、瞬発的なスピードと若い時期の激しい運動への適合性が結びついているからで、スタミナのある馬が必ずしも晩成型というわけではない。したがって、早熟で2歳時に活躍した馬が、古馬になって改めて大成していくというようなケースもあり、晩成型のスプリンターも少なくなく、早熟であればスピードは優れているが、それと短距離血統、長距離血統とは別のものと考えるべきであろう。

晩成型というのはマキシマムの運動能力の発現が遅いということで、牡馬と牝馬の比較でいえば、牝馬には子孫を残す使命があるので、若い頃から生き延びることが最重要となり、牡馬の場合は、すべてが生き残る必要がなく、むしろ優れた運動能力を持った個体を選抜する必要があるので、そうも早熟さが求められるわけではない。このため牝馬は2歳初期に強く、牡馬はじわじわと能力を発揮するようになっていく。逆に高齢になると、牡馬には戦闘能力が育っていき、長く成長し続けるものが多いというわけである。

## 102

# 再生が可能な骨、再生が困難な腱

年齢に応じた成長の最も顕著な例は骨組織で、骨は主としてリン酸カルシウムという無機質でできているため、馬体の成長とともに大きく育つことはできない。したがって最初はカルシウムを蓄積しない軟骨の状態で生まれてくるが、成長を終えてしまった部位からカルシウムを蓄積していき、脚部のような後々まで成長し続けなければならない部位は、かなり後になってから本当の骨に育つ。この変化を化骨と呼んでいるが、馬の主な骨格の化骨が完了するのは2歳時で、馬が競走を始めるのもおおむね化骨を終えた時期となっている。

おおむね化骨が完了して競馬に出走できる状態になっても、管骨のような長い骨には軟骨線という層を残していて、そこの部分でまだわずかに成長できる仕組みになっている。

骨は破骨細胞と、造骨細胞によって常に新たな組織につくり直されており、このために骨折などの後でも休養によって元どおりに再生される。しかし、骨をとりまき、筋肉活動に応じて関節を動かせている腱は、一度破損すると再生が困難な組織で、老化とともに最も競走能力に大きな影響を及ぼすものとなる。高齢馬でも、腱の損傷が大きくなければ若い馬と同じように強い走りができるが、使い込まれた競走馬には屈腱炎などの障害が発生し、競走能力を喪失してしまうものも少なくない。

若馬には成長力が重要だが、高齢馬には取り戻せない損傷がどれだけあるかが問題となる。

屈腱炎を患った馬の脚。患部がエビの腹のように見えるので、厩舎用語でエビハラあるいはエビと呼ばれている。

## 103 2歳は遺伝、3歳は成長力、4歳は完成度

競走馬のピークが何歳かというと、まず2歳時には遺伝的な素質が強く現れるので、もともと能力の優れた馬は、この時期に最大の競走能力を発揮できる。

3歳時は成長力の争いで、つまり馬体と精神が最も大きく変化する馬が、この歳にピークを迎えることになる。

4歳時は完成度を競う時期で、成長しきってから最大の競走能力を発揮できる馬のピークとなる。5歳以降は恒常期となり、完成した能力を長く保てる馬のピークとなる。

むろん、これらすべてに優れた馬もいて当然で、そういう競走馬は2歳から5歳以上まで、ずっと最強馬として活躍できるが、2歳時に大活躍して、古馬になると平凡な成績しか残せなくなる馬も、3歳時だけ強い馬も、古馬になってから大活躍する馬もいるのは、それぞれが受けた素質が違っているからで、競走馬のすべてにあてはまるピークというものがあるわけではない。

ただ、2歳馬の早熟さと遺伝的素質とは、少し意味が違っていて、早熟というのは一般にトレーニングの受容能力が優れ、早い時期に競走馬として必要なものを身に付けてしまうような場合を指すと考えるべきだろう。早熟なだけの競走馬は2歳でも初期に活躍するが、2歳のチャンピオン戦の頃には遺伝的素質の高い馬に抜かれてしまうのが普通である。

セクレタリアトの2歳戦のような活躍が遺伝的素質といえよう。

セクレタリアト（父ボールドルーラー、母サムシングロイヤル、アメリカ産、1970〜1989、21戦16勝）。

104

# 2歳馬の遺伝的な素質を見るならダート競馬

世界の競馬が2歳戦、3歳戦、3または4歳以上というように分かれているのは、必ずしも2歳馬や3歳馬が能力的に劣っているからというだけではなく、2歳時には遺伝的な能力を競い、3歳時には成長力を競うという意味があるからでもある。

単に能力の劣った馬にチャンスを与えるだけなら、ほとんどすべてのレースを2歳戦、3歳戦と限定する必要はなく、牝馬レースと牡馬、牝馬混合戦のように、能力の高いものだけを古馬戦に参加させれば良いだろう。

2歳戦の遺伝的な素質を見るには、芝競馬のレース展開や位置取りが問題となるような競馬よりも、自分のペースで走って、それで決着がつくようなダートコースが適している。

そのためもあって、ヨーロッパ競馬よりもアメリカ競馬の方が2歳戦が重視されており、20年ぐらい前には、アメリカの高賞金レースの大半が2歳戦だった。アメリカでは2歳戦に芝の重賞がほとんどなく、3歳になっても春に芝のGIレースがほとんどないのは、2歳戦、3歳戦ではダート競馬の方がそれぞれの目的に合致しているからで、力を蓄えてホームストレッチで勝負するというような芝のレースは、馬が成長を終えて、完成してしまってから本当の能力を発揮できるものだ。ヨーロッパでも、最近はそうしたダート競馬の重要性を見直すようになってきたので、遠い未来には世界の競馬がアメリカ型になるものと思われる。

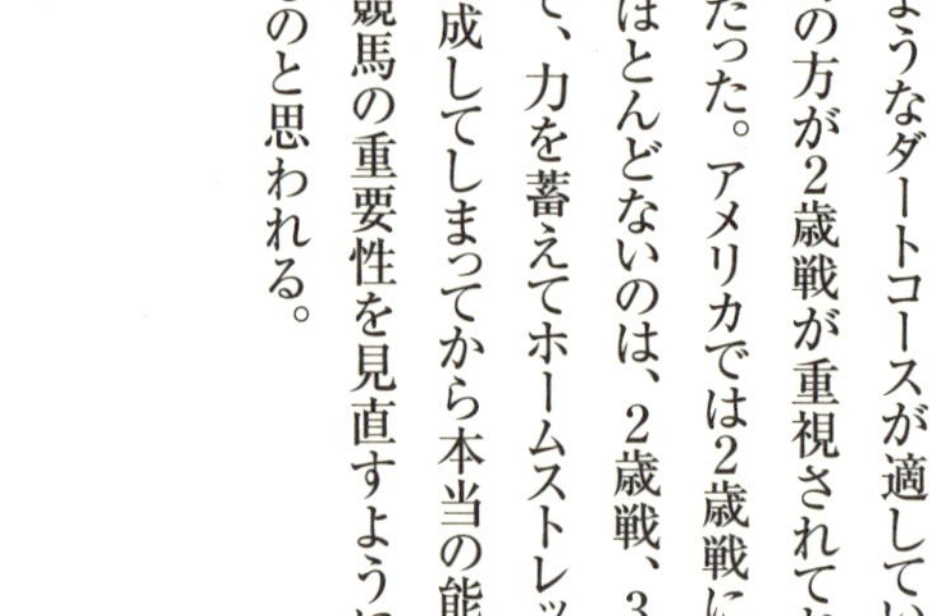

2002年「第35回ハイセイコー記念」スオウライデン（父ワカオライデン、母シャンクオリティ）。

## 105 三冠は成長力の最も優れた馬の証明

競馬ファンにとって最も面白いのは成長力を争う3歳の競馬であろう。クラシック戦線は似たようなメンバーの争いとなるのが普通だが、それでも成長力の違いによって、負けた馬が次には勝つというケースも多い。アメリカのトリプルクラウン・レースのうちの2レースと、トリプルクラウンの後に行われるチャンピオン戦のトラヴァーズSはいずれも2000メートルに近いレースで、ほぼ同じ条件で行われるにも関わらず、同じ馬が勝ち続けるわけではない。

むろんコンディションを保つのが難しいという面もあるが、その間の成長力の差も大きな要素となる。どこの国の競馬でも、クラシックレースの前にいくつものステップレースが行われるが、これも単に勝ち負けだけでなく、それぞれの馬の将来性として、成長力を試すものとなるから面白いといえるだろう。

大井競馬でも、京浜盃に始まり、羽田盃、東京ダービー、ジャパンダートダービーと続くクラシックシーズンは最高の楽しみを与えてくれるもので、個々のレースの予想でも、前走からの成長力がどうかというのが最大のポイントとなるように思う。それでも、羽田盃を勝った馬が成長力の面でも最も優れていて、そのままジャパンダートダービーまで勝ち続けてくれるのが最も望ましい。長く三冠馬となるのが最高の栄誉とされてきたのはそのためで、三冠馬こそ成長力の最も優れた馬といえよう。

2001年「第46回羽田盃」トーシンブリザード（父デュラブ、母ユーワトップレディ）。

## 106 三冠を狙うことで生まれる危険性

三冠馬となることが最大の栄誉だとしても、どの馬も三冠を目指すべきというものではない。

特に成長期の3歳馬には無理な負担が、本来は持つべき成長力をストップさせてしまう可能性があるからだ。少なくとも羽田盃を精一杯の勝負をして勝つような馬なら、三冠を狙うことが馬の素質の発達をさまたげることにもなりかねない。

三冠を狙うべき馬は、最初からそれだけの成長を見込めるような特別な逸材だけで、羽田盃を七分の力で勝ち、東京ダービーを八分の力で勝ち、さらにジャパンダートダービーを狙えるというような馬でなければならない。

完成した競走馬が次々と大レースを戦い続けるのとは違って、成長期の馬にはぎりぎりの戦いが与える負担が極めて大きく、実際に世界のどこの競馬でもクラシック戦線の途上やダービー後の一流馬の故障が最も多い。

アメリカの三冠レースでもケンタッキー・ダービーか、プリークネスSのどちらか片方をまず狙うという馬が多く、勝つのが精一杯だった場合はそのまま一度休養に入らせて、トラヴァーズSに向かうのが普通となる。

ただ、少し優れた馬に出会うとどうしても、セクレタリアトやシアトルスルーのような馬と考えてしまう傾向もあり、そこで調教師がどれだけ冷静な判断をするか、判断できた場合にどれだけうまくオーナーを説得できるかが問題となるのだろう。

アメリカの3冠。

# 107 地域最強馬のもう一つの証明・ハンディキャップレース

限られた競走馬だけで競馬をしているような場合、その地域での最強馬となると、それ以上の能力を問うことが難しい。そのために成長期における三冠レースが歴代のチャンピオン馬を比較する目安となり、三冠レースを勝つことで、同じ相手でも3度の対戦で常に他の馬よりも成長していることを示すことによって、能力の高さを証明することができた。

たまたま三冠レースに間に合わなかったり、三冠レースの期間に故障していたりで、そのチャンスを逃した馬には、ハンディキャップレースがチャンピオン馬にとっての次の挑戦目標となり、イギリスにおけるケンブリッジャーS、オーストラリアのメルボルンC、アメリカのハンディキャップ三冠レース、といった最強馬が重いハンデを背負って挑むようなハンデ戦の大レースが栄えた。

実際にオーストラリアの名馬ファーラップは65キロもの極量を背負って勝つことで歴史的な名馬と呼ばれており、アメリカのバックパサーは三冠レースを故障で休場したけれど、メトロポリタンH、サバーバンH、ブルックリンHというハンディキャップ三冠レースをそれぞれ1・5キロ増で勝ち続けることによって、アメリカ競馬史の最強馬の1頭と呼ばれた。

南関東でも昔はエゾテツザンが65キロで川崎開設記念を勝ち、63キロでカネオオエが大井金盃を勝つような高重量での活躍馬がいて、当時は大いに称賛されたものだった。

1977年「第22回金盃」カネオオエ（父バーバー、母インザシャドウズ）。

## 108

# 国際レースの活発化で役割を終えた、欧米の三冠体系

三冠レースが称賛され、重量を背負って勝つことによって大きな名声を得てきたのは、あくまでも限られた地域内で競馬が行われていた時代のもので、交通機関が発達し、国際レースが活発化してくると、さしあたり他の国や地域の最強馬を負かすことがより重要となる。もともと最強馬が、それ以上の強さを示すために成長力を競う三冠レースだったり、負担重量による奥行を示すためのハンディキャップレースだから、他地区に強い馬がいれば本当の最強馬としての評価を得るわけはない。

凱旋門賞、ブリーダーズＣといった世界の強豪たちが集まるレースが育つようになると、まずハンディキャップレースが、能力の劣った馬にも勝つチャンスの与えられたレースという性格を持つ存在となり、馬齢戦よりも1ランク下の存在と考えられるようになっていった。

三冠レースはそれなりに重要なレースとして残されたが、たまたまセントレジャーが凱旋門賞に近い時期に行われるため、凱旋門賞を勝ってヨーロッパチャンピオンになろうという馬は出走しなくなってしまった。そして成長とともに三冠を戦うという考え方も衰退していき、２０００ギニーの勝馬は１６００メートルのヨーロッパ・チャンピオンを目指し、ダービー馬の次の目標はキング・ジョージⅥ＆クイン・エリザベスＳとなって、ヨーロッパの三冠体系は役割を終えた。

## 109 ジャパンダートダービーと東京王冠賞

日本でもグレード競走体系が誕生してからは、ハンディキャップレースの性格が大きく変化し、実際に60キロ以上の負担重量で、ハンデ戦に出走する強豪は、交流機会が少ない地域での競馬に限られるようになった。それでも競走馬の成長期における交流機会はそうも多くないので、三冠レースという考え方は今も残されている。特に、もともと競走馬の層が薄く、閉ざされた地域で競馬を開催しているような場合は、いきなり世界レベルや全国レベルでのチャンピオンシップに挑むより、地区で最上級の名馬となることが現実的でもあった。

しかし、南関東のような、全国レベルで戦えるような基礎のある地域では、かつての三冠レースを勝つよりも、ＪＲＡや他地区からも最強馬が集まるジャパンダートダービーに挑戦する方が意義深く、実際に勝った時の評価も高くなるのは当然のことだろう。したがって、かつてなら三冠を狙うような逸材に巡り会ったオーナーや調教師は、まずジャパンダートダービーを目標とするようになり、そのためには三冠レースのすべてを戦うよりも、どれかをステップとして、ジャパンダートダービーをピークで戦おうと考えるようになる。

その時点で南関東の三冠レースの意味は大きく変質したものとなり、最初から全国レベルは無理としても、南関東でのトップなら何とか狙えそうという馬の最大の目標となった。東京王冠賞が廃止されて旧三冠体系が崩壊した所以である。

最後となった平成13年「第38回東京王冠賞」のトーシンブリザード。

## *110* 馬齢重量の本来の目的は成長途上の競走馬への配慮

馬の成長に合わせて負担重量を加重していく方式を馬齢重量というが、この考え方はイギリス競馬よりも以前の、ドイツにおける能力検定競馬の時代からあったようだ。成馬は5歳としても、競走能力については4歳でほぼ成熟するので、2歳、3歳の間の負担重量を軽くし、成馬に近づくにつれて加重していき、3歳末で成馬と同一の条件になる。

イギリス競馬では月ごとに（というよりも半月ごとに）0・5キロ単位での加重を距離別に定めている。むろん長距離ほど減量が大きくなり、別途に負担重量が指定されたレースや、ハンディキャップレース以外は、その負担重量によってレースが行われている。

ところが日本にこのシステムが導入された時には、どうも大きな誤解があったようで、加重システムが半年単位という大ざっぱなのはよいとしても、短距離でも長距離でも同じ馬齢重量になっており、驚くべきことに高齢になるとまた減量されるという変則的な方法を採っている。高齢を迎えると能力が衰退するので、ハンデを与えて若馬と好勝負ができるように、という養老精神に基づくものと思われるが、馬齢重量戦はハンデ戦と異なって、好勝負になることを目的としたものではなく、能力検定の上で、成長途上の競走馬に正しく能力発揮できるよう設定されたものだから、成馬を迎えれば完全に対等の勝負となるのが当然であろう。

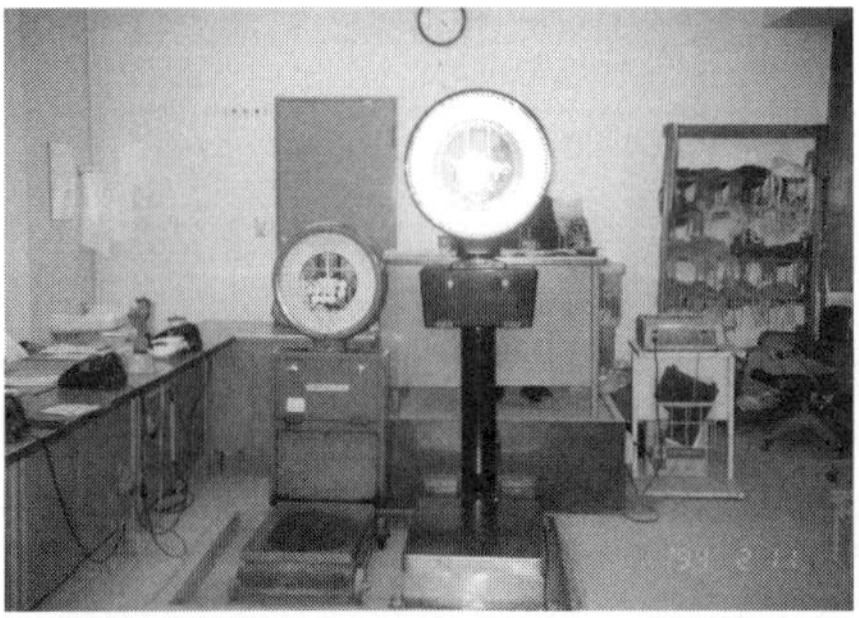

大井競馬場の検量室。

## *III* 負担重量は穴馬券獲得の重要なファクター

他人が見落としているファクターをうまく見つけて馬券を買うのが穴馬券を獲得する有力手段となるので、負担重量中心に馬券検討を行うのが日本の競馬では有利だと思う。なにしろ1キロの差が1馬身もあるのだから、予想紙の負担重量の欄には穴馬券がごろごろ転がっているといえるほどだ。

多くのファンは前走を56キロで勝った馬が57キロに加増されていてもさほど気に留めることなく、強い馬と考えて馬券を買ってしまう。むろんそういう馬が勢いに乗って、1キロ増をものともせずに勝ってしまうことも少なくないのだが、1キロ増によってその馬の能力を出し切れる限界を超えていることもある。

多くの人はそう考えないから、人気は集中し、勝ってもさほどの配当とならないけれど、もし負担重量に苦しんで負けた場合には高配当を得ることができる。うまくそういうレース、そういう馬を見つけるのが穴馬券を得る大きなチャンスで、おそらく何度かの試みで、そのような馬券を的中できることはあるだろうと思う。

これはハンデ戦のみならず、馬齢の変化による加重であったり、別定条件による加重であったりという場合も同様で、また前走よりも負担重量が軽くなった馬の場合は、前走で負けて人気が落ちていれば穴馬として狙えることになるだろう。1キロ差を常に1馬身差に置き換えて馬券検討をしてみると、おそらくこれまでとは全く違った有力馬が発見できるはずだ。

負担重量を調整するためのオモリ。

## 112 能力によって違う「1キロ＝0.2秒差＝1馬身」の重み

負担重量は1キログラムの差がタイムにして0・2秒差、着差では1馬身に相当すると考えられてきた。つまり57キロを背負った馬が58キロの馬に1馬身差で勝つと、もし同斤なら同着に近いレースとなっていたと考えられている。これはハンディキャップレースにおける負担重量の決定の基本となるもので、サラブレッド競馬の長い歴史の中から経験的に求められてきた換算値であるが、近年になってコンピュータを使っての検算でも、この数値がかなり正確なものと証明されている。

とはいえ、それはあくまでも全体的な換算値であって、同じ1キロ差でも61キロと60キロの差と、51キロと50キロの差ではかなり意味が違ってくる。51キロ程度では1キロ差が大きな負担となることはなくても、60キロも背負うと、1キロ増がかなり走りの妨げになると考えられるだろう。

しかし、そこは良くできたもので、同じ1キロ差の負担増でも能力の高い馬と低い馬では、影響力が大きく異なっており、強い馬ならスピードを発揮することが苦にならないので、少々の重量を背負っても能力を減退させないが、弱い馬はスピードについていくこと自体が大変なので、重量が加わるとさらにスピードを減退させることになる。したがって能力の高い馬は1キロ差の影響が大きい60キロで重量差を感じるし、能力の低い馬なら50キロぐらいでも負担を感じることになり、多くの馬は能力に見合った重量で走ることになる。

## 113

# ハンデ戦が人類最大の発明といわれる理由

「競馬におけるハンディキャップのシステムこそ、人類最大の発明」と、大げさにいわれることがあるのは、競走馬の能力とこなせる負担重量が不思議に比例していて、能力の高い馬なら重い斤量で影響を受けるし、劣った馬なら軽い斤量から影響が出るからで、ほとんどの馬はそうした斤量の影響が強くなるぎりぎりの負担重量でレースをしている。

そして、そうした個々の馬におけるぎりぎりの負担重量での1キロ差が0・2秒差か、1馬身差に相当するので、競走能力は負担重量に換算することができるというわけである。

ハンデ戦ではほとんどの馬が、そうした負担重量の影響を受ける限界に近い斤量でレースをするため、出走馬のほとんどに勝つチャンスがあるといえるのだが、特に優れた競走馬なら、その限界の斤量においてもさらに能力を引き出すことができて、負担重量を克服してしまう。そうした馬は次にさらに高い負担重量を背負うことになるが、もしそこで負けるようなら、その馬の本当の負担重量の限界に達したと考えられる。

馬齢重量戦はそのようにして換算される競走馬の能力を一定レベルに振り分けることになり、馬齢重量戦で好走した馬は、さらに馬齢重量戦で上位を目指し、馬齢重量で限界を示したものは、さらに軽い負担重量を求めてハンデ戦に出走することになるが、ハンデ戦に近い別定重量戦やクラス分けレースも同じ役割といえるだろう。

2000年「第3回TCK女王盃」ヤマノリアル（父リアルシャダイ、母ユーワマユミ）。

## 114 別定重量戦の意味と特徴

別定重量戦というのは個々の競走馬の負担重量の限界を考慮せずに、一般的にそのクラスのレースに出走する馬なら、これだけの負担重量でレースとしての面白味が出る程度の影響が出るだろうという推測に基づいて、あらかじめ性別や馬齢、過去の競走成績における勝ち数、重賞実績、収得賞金などによる負担重量が決められているレースで、その負担重量が厳しすぎる場合には出走しないだろうし、好条件と思われる競走馬はそのレースを狙ってくることになる。好条件と考えられた馬の中にも格差があるので、当然ながら負担重量以上の可能性を持った馬が勝つことになり、能力の高い馬には有利なレースとなる。

ただ、条件設定によっては能力の高い馬に有利すぎるので、他の馬のほとんどが回避してしまうことになり、レースとしての成立が難しくなるため、どの条件設定のレベルを決定するのは難しい。

特に負担重量差の甘いレースは、そのレースに勝てる可能性がわずかでもあれば出走してくるというような、賞金や格の高いレースに限定され、多くのＧＩレースはほとんど能力別の負担重量差を設けなくても、出走馬が数多く集まっている。逆に低レベルのレースになるほど、負担重量の差がなければ出走馬が揃いにくくなるので、ハンデ戦であったり、厳しい負担重量の別定条件戦であったりすることになる。イギリスやオーストラリアでは、下級レースのほとんどがハンデ戦となっている。

## 115 負担重量による能力均衡という考え方が希薄な日本

大井競馬を始め、日本の地方競馬の多くは負担重量の代わりに、クラス分けによって出走馬の能力均衡を行っている。これは別定重量戦と同じように、過去の成績によって、同じぐらいの能力の競走馬を1つのレースにまとめるという考え方で、海外の地方競馬にも同じようなシステムを持ったところがなくはない。

しかし、それもかなり大ざっぱなクラス分けで、多くの場合は各クラスの中でもハンデ差がつけられたレースとなっている。

日本ではJRA競馬でも特別戦のみがハンデ戦となっていて、全体に負担重量による能力均衡という考え方が希薄であるようにも思われる。クラス分けの場合は、個々の競走馬の出走できるレースが限定されるため、必ずしも好調でない馬が出走してきたり、距離適性に関係なく出走せざるを得なかったりするが、こうした面を負担重量差でカヴァーするという、人類最大の発明がうまく利用されていないように思われてならない。

そのせいか、日本では馬券予想の面でも、負担重量をあまり考慮しない傾向も認められるようだ。イギリスなどの競馬では、出馬表を見ると、まず最初にそれぞれの馬の負担重量から予想に入るものだが、日本ではまず最近の成績、騎手、過去の実績、レース展開などが予想の重要なファクターと考えられている。日本の競馬ではハンデ戦が少ないため、負担重量を考慮しないで馬券検討を行うようになったのだろう。

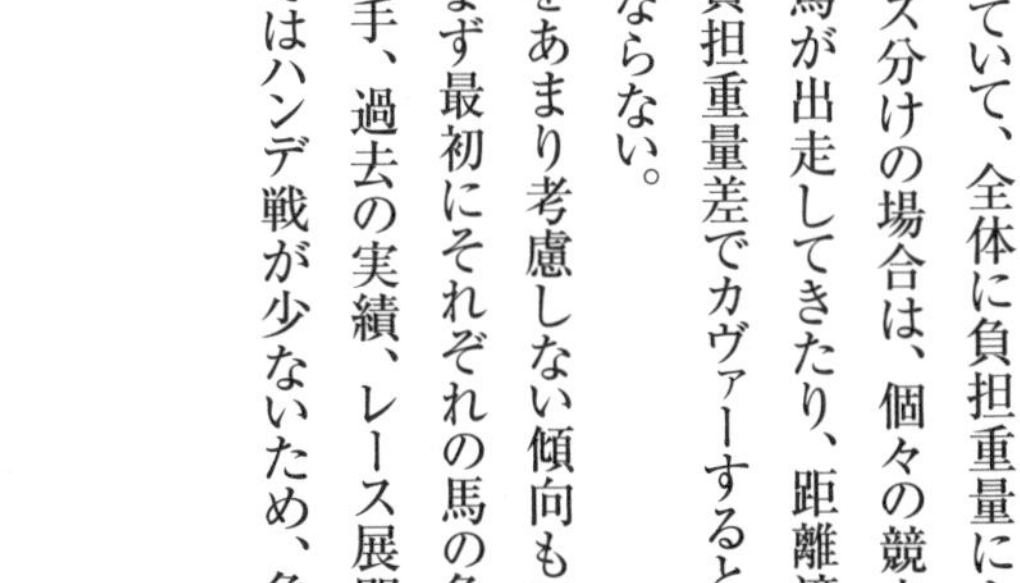

2002年「第46回金盃」前年に続いて連勝のインテリパワー（父ルション、母インテリフラワー）。

## 116 国によって異なるハンデ戦に対する考え方

馬種改良を主たる目的として競馬を行ってきたドイツ、フランス、日本などと、ギャンブルとしての遊び（自己決断、自己責任としてのデモクラシーの浸透という文化的な役割があるが）を目的として競馬を行ってきたイギリス、オーストラリア、アメリカなどではハンディキャップレースに対する考え方が大きく違っている。馬種改良を目的とした競馬では、能力の高い馬を選ぶ必要があるので、ハンデ差によって弱い馬が勝つのは邪道と考えられた。

ドイツやフランスでもイギリスの影響でハンディキャップレースは行われているが、その数はかなり少なく、おおむね古馬の中級戦以下が中心となっている。

一方、イギリス、アメリカ、オーストラリアなどでは2歳戦からハンディキャップレースが数多く行われ、昔の古馬の主なレースのほとんどがハンデ戦だった。

イギリスでは頂点のケンブリッジャーSを筆頭に、アスコットS、イボアH、グレートジュビリーといった高賞金レースのほとんどがハンデ戦で、オーストラリアでもメルボルンC、シドニーC、ドンカスターHなど。アメリカでもメトロポリタンH、サンタアニタH、ジェロームHなど、かつての重要なレースのほとんどはハンデ戦だった。

アメリカでは最強古馬のことをベスト・ハンディキャップホースと呼んでいたほどで、ハンデ戦こそ競馬の真髄だったといえるだろう。

バックパサー ハンデキャップ 3冠馬。

# 117 ハンデ戦と選手権戦

イギリスやアメリカではハンデ戦が中心だったので、種牡馬や繁殖牝馬の選抜レースとして2歳戦、3歳戦が重視され、クラシック戦線が話題を呼ぶようになったが、ドイツやフランスではクラシック戦線がさほど重要な意味を持ったわけではない。

逆に競走馬が完成してからの、フランスにおけるサンクルー大賞、凱旋門賞とか、ドイツのバーデン大賞、ベルリン大賞といった選手権戦に重点がおかれた。ヨーロッパ大陸では競馬が強いものの勝つ競技で、大西洋の両岸やオーストラリアでは、どの馬が勝つかわからないところに競馬の面白さがあると考えられたことになる。

このため、馬券もアメリカ、イギリス、オーストラリアなどでは単複が中心となり、高配当馬券としても単勝を2レース組み合せたデイリーダブルのようなものが人気を呼んでいる。これに対してフランスなどの場合、強い馬が勝つレースの単勝では面白味がないので、クィネラ、ティエルセなどの連勝型の馬券が人気を呼ぶようになった。

後にはイギリスやアメリカでも選手権戦が導入されるようになり、キング・ジョージⅥ&クイン・エリザベスSや、ワシントンDC国際のような国際レースも誕生したが、今も一般レースでのハンデ戦の数には大きな差があり、イギリスやオーストラリアの2歳戦の多くが、ナースリーと呼ばれるハンディキャップ戦によって構成されている。

## 118 ハンディキャッパーは「競馬の演出家」

ハンディキャップレースが中心となるイギリス、アメリカ、オーストラリアなどでは、競馬開催において、ハンディキャッパーにかかる役割が大きく、競馬が成功するかどうかはハンディキャッパー次第という面があって、ハンディキャッパーは主催者組織で最も権威を持つ存在であった。出走してくる馬の能力をすべて知りつくし、それに応じた番組を編成し、個々の馬の負担重量を決めていく。それは「競馬の演出家」というに相応しいもので、優れたハンディキャッパーの主催者のもとには多くの優良馬が集まり、それによって競馬の人気も大きく盛り上がっていった。

アメリカのグレードレースにはジェローム、ベルモント、トラヴァーズといった競馬の創設に大きな功績のあった人々の記念レースがあると同じように、ヴォスバーグ、キャンベルといった名ハンディキャッパーを記念したレースも多く設けられている。それだけハンディキャッパーの役割が大きく、またハンディキャッパーの権力も絶大なものだった。

フランス、ドイツ、日本などでは、そのようにハンディキャッパーの仕事が重視されることはなく、多くの場合は一人の人格によってハンディキャップが決められるわけでもない。むしろ多分に機械的な方法でハンデが決められ、ハンディキャッパー自身も匿名で仕事をしているのが普通である。つまり、競馬を演出するという考え方は育たなかった。

ハンデキャッパーの芸術作品 3頭同着。

## 119 海外で人気の高まっているハンデ戦

現在ではイギリスでもグループ競馬からはハンデ戦が除かれているけれど、ケンブリッジャーSやイボアHの人気は高く、春競馬の始まりとともに、ロンドンのパブではケンブリッジャーのハンデを巡って人々の会話は尽きない。

オーストラリアのメルボルンCは今もハンデ戦の伝統を守り、実力の競馬よりも、賭けの競馬としての存在を強調している。アメリカでもマールボロC、ハリウッドゴールドCなど多くの大レースがハンデ戦として残されているが、メルボルンCやハリウッドゴールドCのような大レースでは、あまり厳しい重量を負担させると、スターホースが回避してしまう可能性があるので、多くの場合は背負えるぎりぎりのハンデを課して、多分に能力の高い馬に有利なハンデを設定している。これもまた競馬を演出するという重要な役割といえよう。有力馬を集めながら、同時に能力の低い馬にもチャンスを与えるという考え方である。

実のところグレードレースが設定された当時には、ハンデ戦というものが、やがては滅びるのではないかと案じられたのだが、実際には近年になって、むしろハンデ戦の人気が高まってきて、オーストラリアではドンカスターHが3番目の高賞金レースとして格を上げ、アメリカでもウッドワードSなどの重要なレースが馬齢戦からハンデ戦に転じている。日本の競馬もハンディキャップレースを見直すべき時期にかかっているといえるのかもしれない。

## 120

# ハンディキャッパー、ブックメーカーは勝馬予想の大家

イギリスでは古くからフリーハンデという競走馬の能力格付けが行われてきた。これは仮にすべての馬が出走するハンデ戦があればという想定のもとに、それぞれの馬の負担重量を決めていくもので、その年度の最強馬が63キロで、2番目の馬が62キロなら、両馬がピークで対戦すれば1馬身差になるだろうと予想される。ハンディキャップの作成は、そのようなハンディキャッパーの予想に基づくものだから、ハンディキャッパーは勝馬予想の大家でなければならない。イギリスの場合はブックメーカー（民間馬券発売会社）もまた、個々の競走馬の配当額を、勝てる可能性に応じて決めていかなければならず、もしこれに失敗すると勝馬への高額の配当金を出さねばならないので、大きな損害を被ることになる。したがって、イギリス（オーストラリアやドイツでも）ではブックメーカーもまた、優れた勝馬予想ができなければならない。

日本の予想屋さんや競馬記者なら、せいぜい自分の馬券が外れる程度の損失でしかないが、ハンディキャッパーやブックメーカーはそれこそ地位や財産を賭けた予想をしなければならず、それだけ真剣で、また優れた予想も育つことになる。調教師もまたハンディキャッパーの手腕を見ながら、甘そうなところへ出走させてくるので、競馬の盛り上がりはどこまでもハンディキャッパーの手腕次第ということになる。競馬の中心は予想にあるというわけだ。

大井競馬場内の予想屋さん。

## 121 ハンディキャッピングの正しい訳は「勝馬予想」

ハンディキャッパーが負担重量を決めるのは、あくまでもハンディキャッパーによる予想がもととなるので、英語では勝馬予想もハンディキャッピングという。これは競馬を扱った小説の翻訳とか、招待競馬の記者会見などの通訳でもたびたび誤訳しており、「勝てるかどうかは皆さんの予想にお任せします」というべきコメントを、「勝てるかどうかはハンデ次第です」というような翻訳をしていることも少なくない。

海外にも馬券必勝法的な本はかなり出ているが、それらの多くは「いかにハンディキャッピングをするか」とか「ハンディキャッピングの傾向と対策」というような表題となっている。

そのように、特に英語圏ではハンディキャッピングという考え方がポピュラーなものとなっていて、競馬においては主催者、調教師、馬券発売会社、マスコミ、ファンなど、すべての関係者が予想、つまりハンディキャッピングを行っている。いわば競馬が予想を中心として動いているといえるのだろう。

そして、そのように予想が中心となることによって、競馬の賭けの魅力は大きくなり、ファンはハンディキャッパーやブックメーカーの上をいくハンディキャッピングをすることで、馬券的中をゲットできる。

日本では主催者が予想行為をしてはならないとされていて、勝馬予想が競馬の片隅に追いやられてしまっている。

競馬予想百科事典。

## I22 馬種改良のために行われたドイツ競馬

現代競馬発祥の地がイギリスであるのは事実だが、イギリスよりも数世紀前から馬種改良のために行われていたドイツ競馬もまた、さまざまに現代競馬の基礎となっている。むしろ現代競馬はドイツで育った競走種育成のための競馬を、イギリスでスポーツとして発展させたものというべきかもしれない。

競走用という馬種を最初に育てたのはドイツで、数々の戦争によって正確な記録は失われてしまったが、イギリスには古くノルマン王朝の時代に、ドイツから最初の競走種が伝えられたという記録が残されている。

ドイツでは競馬が馬種育成のためのものだったので、馬名が牝系の頭文字を受け継がなければならないというような、独特の規約が現在にも残されていて、ハンガリー、ロシアなど、ドイツ競馬の影響の強い競馬国にも同じ規約がある。ハンデ戦を中心とした賭けとしてのイギリス競馬に対して、チャンピオンシップ競馬の基礎をつくったのもドイツ競馬であった。

世界最初の国際レースとして知られるバーデン大賞のように、ドイツ競馬には現在の競馬で発展した要素も多いが、競走馬の能力評価の手法としてのインターナショナル・クラシフィケーションなどは、その代表的なものの一つといえるだろう。競馬経済において馬産が占める役割が大きくなるにつれて、強い馬を育てるというドイツ競馬の理念がよみがえったともいえよう。

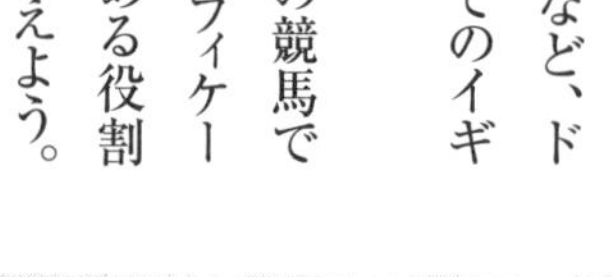

馬名が牝系の頭文字を受けついでいる例。

# 123 競走馬の能力を評価する指数「アウスグライヒ」

イギリスにおけるフリーハンデが、あくまでも競馬における予想のためのものであったのに対し、ドイツで古くから作成されてきたゲネラルアウスグライヒ（GAG）という競走馬の能力評価は、種牡馬や繁殖牝馬の選択のためのもので、かつてはドイツにおける種牡馬広告などにも、アウスグライヒの指数が明記され、2代目、3代目といった血統表のそれぞれにアウスグライヒの平均指数が求められた。

この指数は、競走能力の遺伝率などのさまざまな学術的な研究にも役立てられ、実際に競走能力というものはかなり精度が高く遺伝するものであると証明されている。フリーハンデは一人のハンディキャッパーによる主観に基づいた評価であるが、アウスグライヒは勝ち負け関係を中心として客観的に求められるもので、国際的な統一評価基準としてヨーロピアン・クラシフィケーションが作成された時には、このアウスグライヒの手法によって導かれる数値が基準となった。

一方、アメリカでは広域で競馬が行われていて、それぞれに主催者も異なっているために、フリーハンデのような能力評価の基準を求めるのは難しく、2歳馬に関してのみ、必要に迫られてエクスペリメンタル・フリーハンデが作成されていただけだった。

しかし、もともとアメリカ競馬は馬産を目的に発達したものだから、競走馬の能力基準を持つことによって馬産の目安とすることは、生産者の夢の一つであった。

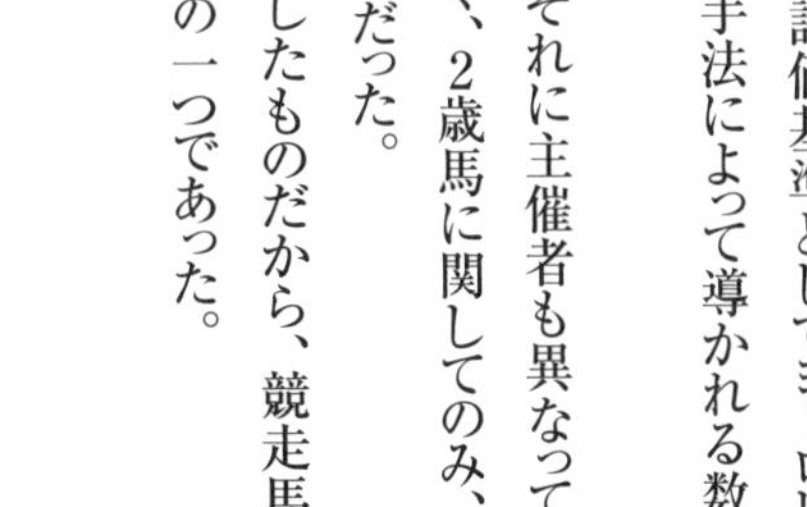

アウスグラヒ（GAG）が表示された種牡馬広告102kg。

# 124 「年度代表馬の選定」はアメリカ競馬最大の発明？

アメリカにはフリーハンデやアウスグライヒのような能力評価の基準がなかったので、別の方法で競走馬の強さを求めようとした。収得賞金額による優劣もその一つで、かつてのアメリカのスタリオンレジスターや種牡馬広告には馬名の次に重要なものとして収得賞金額が記述されており、収得賞金レコードを築いた馬が歴史的な名馬として扱われていた。

しかしそれ以上にポピュラーになったのは、記者投票による年度代表馬や殿堂入り馬の選定だろう。フリーハンデがイギリス競馬の大発明で、アウスグライヒがドイツ人の大発明であると同じように、年度代表馬の選定こそ、アメリカ競馬の最大の発明であった。

今では世界各国ともに同様の方法で年度代表馬が選ばれるようになっており、日本でもＮＡＲグランプリ、ダート格付け委員会年度代表馬、ＪＲＡ賞など、クラシフィケーションとともに競走馬評価の大きな目安となっている。

とはいえ、年度代表馬の選定はあくまでもトップだけのもので、上級馬の間での能力比較や、トップの馬の年度間の比較などができるわけではなく、やがて、アメリカ競馬もクラシフィケーションなしでやっていけなくなる事態に迫られることになった。つまり、重賞競走のグレード認定にそれぞれの出走馬のレベルを数値で表すものが必要となり、そこで考え出されたのがパフォーマンスレートというコンピュータでの算出システムだった。

年度代表馬などのパンフレット（JRA、NAR、ダート競走格付け委員会）。

# 125 客観的な評価基準「パフォーマンスレート」

アメリカでは多くの主催者がそれぞれに独自の競馬を開催していて、ルールすら完全には統一されていない。競走馬の絶対数も桁外れに多く、それらの各地の競走馬を完全に網羅したフリーハンデを、一人のハンディキャッパーが作成するというのは不可能というものだろう。また、各地の重賞レースの価値を判断して、GⅠ、GⅡというようにランク付けしていくことも困難で、大きな利害がともなうのものだけに、どの主催者も納得できるような客観的な評価基準が必要となる。

パフォーマンスレートは基本的にアウスグライヒと同じく、勝ち負け関係を中心として算出されるものだが、コンピュータの発達は少なくとも量的な面での困難を克服し、アメリカ全土のレース結果から対戦成績による優劣を導き出すことができる。機械的に算出されるものなので、どの主催者に対しても不公平はなく、さまざまな方法で能力測定として有効かどうかを検証されたのち、グレードレースの認定に使われることになった。賞金が拠出される4着までの馬のパフォーマンスレートの平均値がレースレートとなり、レースレートが高ければグレードが格上げされ、レースレートが基準値よりも下になればグレードが下げられる。後にアメリカはカナダとともにインターナショナル・クラシフィケーションにも参加するようになって、これによって日本を加えた北半球の競走馬の能力評価が、完全に数値で示されるようになった。

## 126 世界競馬の地図「インターナショナル・クラシフィケーション」

２００２年に国際レースとしてジャパンCダートが誕生し、一方ではドバイワールドCでトゥザヴィクトリーが2着と好走して、日本のダート競馬への国際的評価は急速に高くなってきている。これらのレースを通じて、世界のダート馬との比較が可能になると、それに応じて日本のダート競走馬もインターナショナル・クラシフィケーションにランクされるようになり、世界的な能力評価も生まれていくわけで、帝王賞、東京大賞典、南部杯、川崎記念、フェブラリーS、さらに新設のＪＢＣクラシック、ＪＢＣスプリントといったＧＩレースに勝つことは、そのまま世界的な一流馬として認められていくことになる。

インターナショナル・クラシフィケーションの役割はそうした世界競馬の地図をつくり、歴史を刻んでいくシステムでもあるといえるだろう。インターナショナル・クラシフィケーションがなければ日本の東北地方で行われる南部杯というようなレースの勝馬など、世界的に知られる可能性は全くないだろうが、クラシフィケーション値を得ることで、世界のどこの競馬の統計にも、その馬名が記録され、少し調べるだけで簡単にその能力レベルも判明する。

つまり、そうした競走馬の父がどういう馬で、母はどういう馬でどういう血統の馬かもすぐにわかり、日本のサラブレッド血統に対する国際的な評価も生まれることになる。

同様に、日本でも世界の活躍馬を簡単に知ることができて、世界の血統地図を眺めることができる。

# インターナショナル・クラシフィケーションの役割

## 127 国際基準でレースの重要度を認定

インターナショナル・クラシフィケーションの主な役割はグレード競走の認定にある。
グレード競走というのは、サラブレッドの売買における血統的な品質保証のために、父馬や近親馬がどれだけの価値のある重賞競走に勝ったか、あるいは入着したかという目安として、GⅠからGⅢまでの3段階に格付けされるもので、競走成績の誇大宣伝などを防ぎ、国際的な通商が公正に行われるために必要なものだった。

グレードを認定するのは「国際カタログ委員会」という機構で、カタログというのは日本でいうセリ名簿のこと。つまりセリ名簿に記載されるレースの重要度を紛れのないものとするのがグレード認定の最大の目的である。

重賞レースのグレードを公正に認定するには客観的な価値基準が必要となり、クラシフィケーションを作成し、4着馬までのクラシフィケーションの平均値（レースレートという）を求めることで、それぞれのレースの上位馬が一定の能力基準にあると認められ、それによってグレードが決定されている。

日本でもダート競馬に関しては全主催者や生産団体など、関係機関が集まったダート格付け委員会によって、同様のグレード認定が行われており、レースレートも算出され、数年後にはレースレートの数値に応じて、GⅠからGⅡに格下げされたり、新たにGⅢレースとして認められたりすることになるが、芝競馬にはそうした国際基準のグレードがない。

## 128 レースの種類分けから格付けへ

グレード競走はヨーロッパやオーストラリアではグループ競走と呼ばれている。第1グループのレースはチャンピオン戦で、第2グループは最上級馬による競走というように、レースをそれぞれに種類分けして、それをグループにまとめるというのが最初の意図だった。しかし、アメリカがカタログ委員会に参加した時には、よりわかりやすいレースの格付けとして扱って、グレードという名が与えられた。

統括機構を持たないアメリカ競馬では、レースに格を設定することがより困難ではあったのだが、グループ分けというあいまいな形のままでは、よけい各主催者に納得してもらうのが難しい。そこではっきり「格付け」であることを宣言し、実際のグレード分けも、レースレートによる出走馬レベルに応じて、機械的に処理するという手法をとった。

日本も全国の競馬を統括する機関を持たないので、同様にグレードという名称が使われたが、後にはヨーロッパやオーストラリアでも、レースレートによる格上げ格下げが行われるようになって、実質的にはグレード競走と呼ぶべき内容のものとなった。

こうした出走馬レベルによるレースの格付けは競走体系を大きく変化させることになり、過去に人気のあった多くのレースを二流レースに追い込み、同時に多くの新設レースを設置させることにもなった。それは競馬の世界の革命といってもよいほどだ。

## 129 グレード制度誕生後のアメリカ&ヨーロッパ競馬

グレード制度が設けられてからは、いかに伝統があるレースでも強い馬が集まらなければたちまち格下げされ、一流レースから転落していくようになった。ブルックリンHとか、アメリカン・ダービーといった多くの有名レースが格下げされ、クラシックレースとしての長い伝統に終止符を打ってしまった。

一方でサラトガのような人気の高い競馬場では、次々とレースが格上げされていき、今では夏のサラトガ開催のほとんどすべての日にグレードレースが行われ、毎週末ごとにGⅠレースが行われるようになっている。

統括機関があるヨーロッパ競馬では、こうした面でかなり甘く、すでに格下げされていてもおかしくないようなセントレジャーとか、アスコット・ゴールドCのようなレースが今もGⅠとして残されており、どうにか三冠レースの一つとして、あるいはかつての古馬最強戦としての体面を保っている。

そのどちらが良いかを考えればなかなか難しく、実質的にそれだけの価値のないレースがGⅠとして残されて良いものかとも思うけれど、同時にアメリカン・ダービーやジャージー・ダービーのような、かつてアメリカのダービー該当レースを争ったほどのものが、下級重賞に転落するのも寂しいと思う。ただ、競馬はあくまでも優勝劣敗を追求するものなので、基本的にはアメリカの方法が正しいと考えなければならないのだろう。

## 130 激しい競争によって活気を取り戻したアメリカ競馬

アメリカでは、競馬場の間での競争が熾烈を極めていて、高いグレードを獲得するためのさまざまな工夫が行われている。

レースにスポンサーをつけ、賞金を上げることで優れた出走馬を集めるのもその一つだし、いくつかのレースを組み合わせて三冠を組んだり、強力馬が集まるレースと同じ日にそれ以上の高賞金レースを行って、そのレースの出走馬をまるまる横取りしようとしたり、招待レースとして強い馬に有利な出走条件を設けたり、いくつかの競馬場が提携して、特定の有力馬が一緒になって回ってくれるようなシリーズの重賞を設定したりというような多様なアイデアによって、重賞を魅力的なものにしようと精一杯の努力が行われてきた。

そのため、多くの競馬場は古い重賞レースに見切りを付け、次々と新しいレースを設置するので、個々の重賞の性格がわからなくなってしまうような弊害も生じている。また、競争に負けた競馬場は閉鎖されたり、売りに出されたりで、さまざまなトラブルも生じている。しかし、一度は大きく低迷していたアメリカ競馬が、そうした激しい競争によって活力を取り戻しつつあることも確かであろう。かつては世界のどの国でも、競馬が政府や自治体の保護のもとで行われ、それによって過当競争からも免れて来た。しかし世界的なギャンブルの解禁傾向によって、競馬もまた競争社会に突入したということだろう。

## 131 アメリカ型競争社会に巻き込まれつつある日本競馬

日本ではまだカジノが認められていず、ギャンブルを民営で行えるような環境にはないが、サッカーに対するｔｏｔｏの発売のように、ギャンブルは世界の他の先進国同様に拡大傾向にある。すでにインターネットを通じた海外ブックメーカーに対する賭けなども問題化しており、交通機関の発達によって外国のカジノへ遊びに行くことも容易になった。

国や地方自治体の資金源として始められた戦後競馬も、競争社会に巻き込まれつつあることは間違いなく、他のギャンブル相手に勝つためには、競馬の開催者の間での競争が不可欠となる。

ダート競馬にグレード制度が誕生し、やがてはレースレートによって格の上げ下げが行われるようになれば、競馬場の間での有力馬の引き抜き合戦も熾烈となり、主催者は魅力的なレースをつくるためのさまざまな努力が要求される。高いグレードのレースほど馬券の全国発売による収益は大きくなり、競馬場に対する宣伝効果も高いので、ＧＩレースを多く獲得した競馬場ほど繁栄するというアメリカ型の優勝劣敗システムが浸透していくことだろう。

もともと公共企業として始まった日本競馬は、顧客のニーズに応じた競馬が行われているわけではないので、競争社会に突入すると、需要の低い競馬場は淘汰されるという厳しい状況に直面しつつある。

特に人口過疎地での競馬の将来は困難を極めているといえよう。

廃止となった益田競馬場。

## 132 競馬場間、ギャンブル間の競争に耐えられるか

すべての産業は需要に応じてしか存在し得ないものなので、原則論として、顧客の少ない競馬場が閉鎖に追い込まれるのもやむを得ないともいえよう。

しかし、日本の競馬は競争社会にさらされるようになっても、公共企業としての制約をさまざまに受けていて、例えば、競馬場の閉鎖は認められても、新しい競馬場の開設は認められていず、馬券発売以外の事業の展開も認められていない。大井、川崎、船橋がそうであるように、競馬場の所有者は民間企業で、競馬の主催者は公共団体であることで、お互いが事業展開をディスターヴし合う面もあるように思う。

近年になって、馬券の種類や場外馬券発売に関して、多少の規制暖和が行われるようにはなったが、まだまだ競馬場間での競争にも、他のギャンブルとの競争にも耐えられる状況にはなく、競馬産業全体の先行きはあまりにも不透明といえる。一方では、わずかな旅費で海外のカジノへ行けるのなら、沖縄や北海道でカジノを開いたとしても、日本の治安やモラルに大きな変化が生じるとは思えない。先進国でカジノが認められていないのが日本だけという世界状況をみれば、いつ日本でカジノが認可されても不思議はない。

競馬はあくまでもギャンブルを最大の商品とする事業だけに、今後、さまざまな試練にさらされていくのは必至で、十分な競争が可能なインフラが求められている。

## 133 日本競馬はバブル崩壊前と同じ状況？

世界的にみれば現在も日本の競馬は一人勝ちに近い状況にある。いかに売上げが落ちこんだといっても、まだまだ諸外国の競馬と比較すれば抜群の売上げを示しており、世界の名種牡馬、名牝を集めて、日本の馬産も驚異的な成長を示している。国際競馬で日本馬が大活躍するようになり、インターナショナル・クラシフィケーションでも日本馬が多くランクされるようになった。世界の馬産地では日本産馬が種牡馬としても注目されるようになっている。

しかし、世界のほとんどの競馬国が一度は危機的状況にまで落ち込み、生産の面でも、競馬の面でもさまざまにリストラをし、規制緩和もして、それぞれの状況に見合った規模の競馬を行えるようになっているのに対し、日本は繁栄期の規模やシステムのまま落ち込みに直面しており、いわばバブル経済の破綻と同じような状況下にある。しかも、そんな状況下で他のギャンブルとの競争社会に突入しつつあり、そうした面では、すでにトトカルチョとも、カジノとも、それなりに共存しつつある海外の競馬国とは比較にならないほど危うい状態にあるといえるだろう。

日本だけギャンブルとしての規制をうけたまま、海外ブックメーカーなどのインターネットによる賭けが盛んになり、海外のカジノへの旅行がさらに容易になり、新たなギャンブルが日本に認められていけば、本当に競馬が壊滅する可能性もなくはないと思う。

# トーシンブリザードにみる競走馬の能力

## 134 南関の新しい伝説となるか、トーシンブリザード

トーシンブリザードの強さは南関東競馬に新しい伝説を残しそうだ。過去にもオンスロート、ヒカルタカイ、ハイセイコーなど数々の名馬を送り出してきたけれど、2歳時にすでに中央馬や他地区の馬と対戦して日本チャンピオンとなり、その後も楽勝を続けてきたのは初めてで、すでに南関東の三冠などというレベルの馬ではないと思う。

ジャパンダートダービーに向けて、大井の三冠レースのすべてを使うのは良くないと、以前に述べたけれど、この馬のように能力がずば抜けていると、ほとんど日々の調教代わりという感じのレースを続けることができるので、馬自身はほとんど消耗することなく勝ち進むことができる。ジャパンダートダービー以前にこの馬が精一杯のレースをしたのはロイヤルエンデバーとの長いバトルを展開した全日本2歳優駿だけで、そのロイヤルエンデバーが戦線を離脱すると、相手はフレアリングマズルだけとなり、石崎騎手もまるで併せ馬調教をするように、逃げるフレアリングマズルを目標に上がっていって、ゴール前で正確にとらえて勝つというレースをさせるようになった。

ロイヤルエンデバーの方はトーシンブリザードと戦い続け、全日本2歳優駿の時のように最後まで頑張り抜いて、それだけ大きく消耗し続け、ついに戦線を離脱せざるを得ない状態となってしまったように思う。競走馬の能力差というものはレースでの消耗度の違いともなるといえよう。

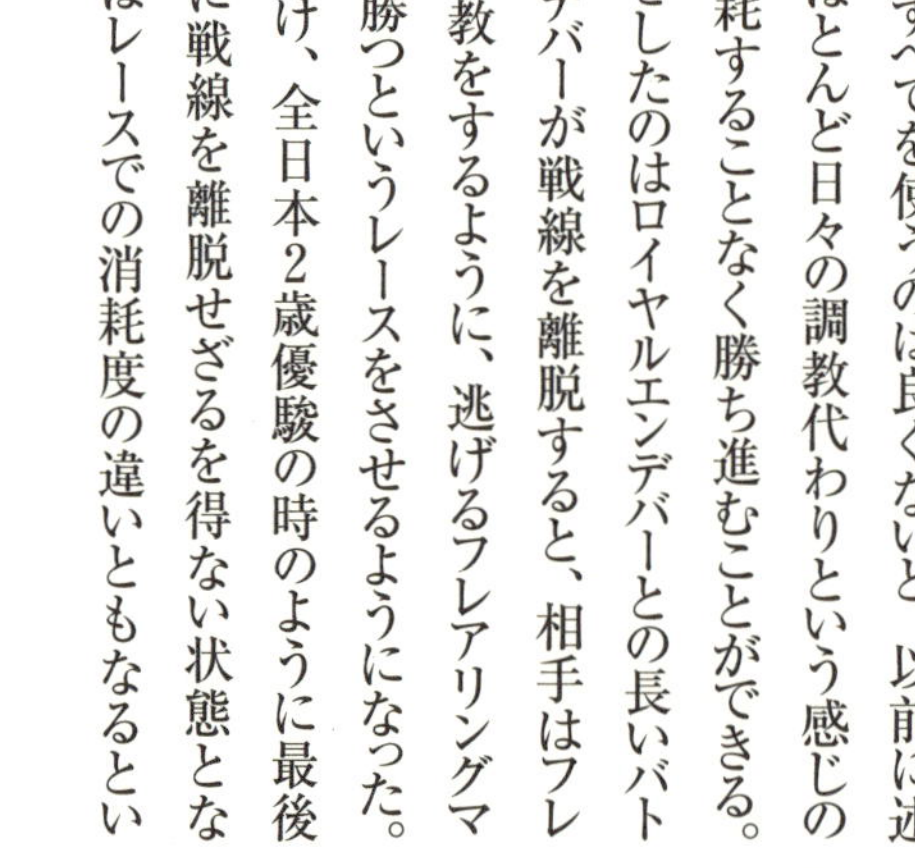

2001年「第47回東京ダービー」トーシンブリザード。

## 135 余裕の勝利とぎりぎりの勝負での負け

勝ち馬にはぎりぎりいっぱいの勝利もあれば、余裕を持った勝利もあり、負け馬にもぎりぎりの勝負をしての負けも、力を残しての負けもある。それを見極めるのは難しく、トーシンブリザードの場合も、全日本2歳優駿でハナ差ロイヤルエンデバーを負かしたときにはかなりの人がぎりぎりの勝利と思っただろう。

しかしその後、何度戦ってもロイヤルエンデバーは勝てず、トーシンブリザードはさらに楽に勝てるようになると、あのレースでもかなり力の差があったとわかる。

きわどいレースとなったのはトーシンブリザードが成長途上だったのと、ピークの出来でなかったこと。ロイヤルエンデバーの方がぎりぎりの勝負をしていたということなのだろう。それでもロイヤルエンデバーは他の馬との力の差があって、ずっとトーシンブリザードの2着を確保してきた。

おそらくロイヤルエンデバーはトーシンブリザードさえいなければ名馬と称賛され、もっと楽なレースを続けることができたので、故障も発生させていなかったかもしれない。それなら父のラムタラに対する評価もかなり変わっていた可能性がある。トーシンブリザードのような強い馬の出現はさまざまに競馬界全体に影響を及ぼすものと思う。

大差勝ちなら余裕が残されているのは当然として、接戦の場合もレース後の各馬の元気さ、馬体の衰弱度などに注目する必要があるように思う。

## 136 力を残して負けていた?・ステイゴールド

勝ち馬に余裕が残されている可能性があるのは当然としても、負けた馬にも余裕が残されていることがあるというのは不思議というべきかもしれない。しかし、目標レースへのステップとしてのレースであったり、前がふさがって抜け出せず、勝負にかかる時期を逸したり、レース展開が不向きであったり、馬場状態が不得手であったりというように、能力を出し切れないレースは少なくない。

それだけでなく、馬の能力を最大限に引き出すことは難しいもので、特にゴール前では残された無酸素運動で頑張り抜かなければならないので、とても苦しくなり、それ以上走りたくないと馬が思うのも当然であろう。このため鞭を使うことになるが、鞭を使うと余計走ろうとしなくなる馬もいるし、逆に怒って止まってしまう馬すらいないわけではない。

また、一度先頭に立ってしまうとレースが終わったと思ってしまう馬もいるが、人の場合でも子供が駈けっこをする時、抜き去られてしまったら勝負がついたと考えて精一杯走るのをやめてしまうもので、馬の場合も普通は抜き去ったときに勝負がついたと思うだろう。そういう馬は常習的に2着を続けるが、ステイゴールドなどはその典型といえる。

武騎手はドバイのシーマクラシックで、全くゴールの瞬間にファンタスティックライトをとらえたが、ゴールを過ぎると、すぐに抜き返されてしまった。天才ならではの騎乗ぶりだったと思う。

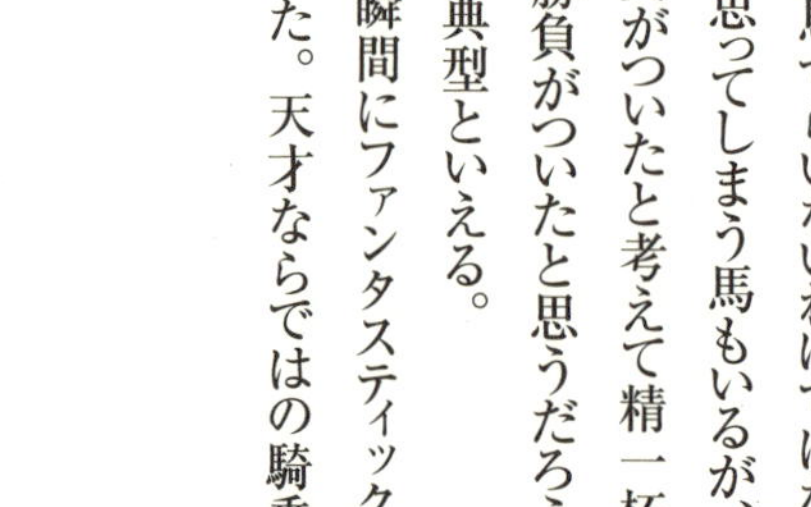

ドバイ・シーマクラシック、ステイゴールドのゴールシーン。

# 137 運動器障害が少なく、高齢まで活躍するダートの名馬

ステイゴールドは負けても負けてもぎりぎりまでエネルギーを使っていないので、ほとんど長く休まずにレースを続けることができたが、本当に能力が高くて、常にぎりぎりの勝負をしていない馬なら無事に長く活躍できる場合が多い。アブクマポーロ、メイセイオペラ、ファストフレンド、ウイングアローなど、ダート競馬の名馬には特にその傾向が強いように思う。能力が高くても運動器障害を起こすのは、瞬発的に極限的な脚を使うような馬の場合で、芝競馬でのアグネスタキオンやダンスインザダークはその例といえるだろうが、日本のダート競馬ではそのような瞬発力を使うレースをすることはない。

競走馬にとって致命傷といわれる屈腱炎を患った馬が、地方競馬で立ち直ってすばらしい活躍を続けたという例も多く、それもまた能力の高い馬が余裕のあるレースをできるからで、タフさを求められるダート競馬は運動器障害を発生させ難いという一面もあるといえるかもしれない。一見矛盾するようであるが、これは人の場合のマラソン選手とスプリントの選手に例えればわかりやすいかもしれない。スプリントの選手は選手生活が短命だが、マラソン選手は長く高齢まで高い能力を発揮し続けることができるというのと似たことであろう。

ダート競馬で高い能力を発揮しているトーシンブリザードも、まず高齢まで無事活躍し続けるのではないかと思う。

アグネスタキオン（2001年第61回皐月賞GⅠ）。

メイセイオペラ（1999年6歳で第16回フェブラリーステークスGⅠを制した）。

## 138 再評価されたトーシンブリザードの父・デュラブ

トーシンブリザードの父はデュラブで、このところレタセモア、メグミウイナー、タイコウレジェンドといったデュラブ産駒が日本中で大活躍している。もともとはさほどの人気を集めていた種牡馬ではなく、種付け料も安かったのだが、シンコウウインディが大活躍してダート血統として再評価されることになった。これらシンコウウインディの活躍によって再評価され種付けされて生まれた産駒群の大活躍によって、種牡馬デュラブはさらに大きな期待を集めることになるだろう。

以前にアサティスのダート血統としての優秀さについて述べたが、デュラブとアサティスは同じトップサイダーを父としており、ともにアメリカ生まれながらヨーロッパで活躍した馬。アメリカのダートを走るスピードと、ヨーロッパの力で走る芝の両方への適性を持っていて、日本の力で走るダートには向いているのだろう。

ともにワンペースのレースをするタイプではあるが、勝負にかかっての頑張りがあり、我慢強く、競走意欲にあふれている。短距離から長距離までこなせるし、高齢まで長く活躍できる。

1982年生まれのデュラブだが、これだけ高齢になって大きく再評価される種牡馬は珍しい。デュラブ、アサティスの成功はトップサイダー系に新たな注目を促すものでもある。

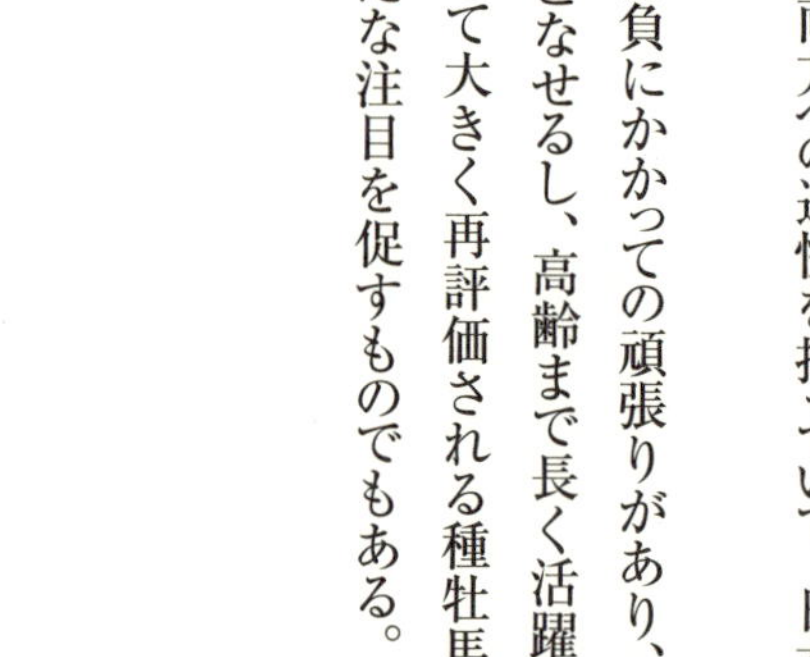

シンコウウインディの大活躍でダート血統として再評価された、トーシンブリザードの父でもあるデュラブ（父トップサイダー、母パサライン）。

第5章

# 競馬を取り巻く人々

- マスコミと競馬
- 競馬を左右するスタート
- ジョッキーという仕事
- 調教師という仕事—世界の名調教師と3つの役割—
- 厩舎と調教施設

## 139 マスコミに最大限の気配りをする世界の競馬主催者

競馬主催者に最も重要で、かつ最も恐ろしい存在はマスコミだろう。馬券売上げや入場者獲得のための宣伝媒体であると同時に、競馬が公正に行われていることを証明してくれるのもマスコミだし、競馬の魅力を引き出してくれるのも、問題点を指摘してくれるのもマスコミだ。

それだけに世界のどこでも、主催者はマスコミに対して最大限の気配りをしていて、多くの場合は審判以上に見やすい場所を記者室に提供している。ジョッキールームや審判室は主催者の職員ですら関係者以外はオフリミットなのに、記者バッジをつけていれば競馬場内で女性用トイレ（女性記者の場合は男性用）以外に入れない場所はない。確かに審判がどんな裁定をしても、マスコミが逆の結論を出せばそちらの方が正しいとされるだろうし、騎手などの不正防止のためにもマスコミの目は欠かせない。特にファンにとってはマスコミの監視があってこそ安心して馬券を買えるというもので、日本のように厳しい規制を設けないで、比較的開放的に行われている海外の競馬において、ファンの暴動などが少ないのもそのせいといえるだろう。審判にとっても後に大騒ぎになるよりも、その場で異議を唱えてもらった方が問題が残らない。また、マスコミ側も審判室で異議を申し立てずに、後に騒いでも見識を疑われるだけである。こうした面で、日本の競馬はマスコミの力を十分に利用していないと思う。

ベルモント競馬場記者室。

# 140 国民的ヒーロー、ヒロインを育てるマスコミの力

ハイセイコーが空前の競馬人気を呼び起こすようになったのもマスコミの力であろう。競馬ファンの間で非常に人気の高かった馬はハイセイコーだけではなく、ダイナナホウシュウ、コダマ、メイズイなど、昔から多くの馬がファンの熱狂的な支持を受け、最近でもオグリキャップ、ナリタブライアン、ステイゴールド、サイレンススズカ、メイセイオペラなど、尋常でない人気を呼んでいる馬が数多く出現している。そうした馬が単に競馬ファンの間での人気に留まらず、国民的ヒーローやヒロインに育つのはマスコミがどのように扱うかにかかっていると思う。

イギリスやオーストラリアのように、競馬が国民的スポーツと認められている国では、日本の朝日新聞や読売新聞にあたるような大手新聞やＴＶ局が常時競馬を扱っていて、ハイペリオンとか、ファーラップのような人気馬が比較的出現しやすいけれど、アメリカや日本ではそうしたメジャーなマスコミが大きく注目してくれた時にのみ、大ヒーロー、ヒロインに育っていくことになる。それでも日本の場合はスポーツ紙がかなり大きく扱うので、比較的幅広く競馬が一般に知られているが、アメリカの場合はほとんどの新聞が競馬を扱わないので、ケンタッキー州でも、ケンタッキー・ダービーが行われていることを知らない人が少なくないほどだ。ドイツやフランスでもほとんど一般紙で扱われることはなく、アルゼンチンではＴＶ中継すら禁じられている。

# 141 国によって異なる競馬のＴＶ中継

マスコミでの競馬の扱われ方は国によって大きく異なっており、常時メジャー局による全国中継が行われるのは、日本、イギリスなどわずかな国だけだし、大手の総合新聞で連日競馬の記事が掲載されているのはイギリス、オーストラリアなど、いわゆる英連邦諸国だけだ。

アメリカではブリーダーズＣのような特別なイヴェントのみ、ＴＶ局が放送権を買って全国中継しているが、そのように中継は売るものであって、放送料を払ってまで放映してもらうというような考え方はなかった。それというのも競馬の画像はサイマルキャストとして他の競馬場やラスヴェガスのカジノなどに売られ、そこでは買った画像に対して馬券を発売するというようなことが行われていて、競馬中継の画像は競馬主催者にとって重要な財源の一つだったからだ。

最近になって、ようやく競馬人気のためにはＴＶ中継が欠かせないものという理解が生まれ、いくつかの大レースを全国中継するようになった。

こうした面では日本が先進国でＴＣＫ、岩手競馬、ＪＲＡなどの有力主催者はＴＶ中継に力を入れてきた。ギャンブルに対する規制として競馬中継を認めていないアルゼンチンのような例もあって、競馬が茶の間に入り込んではいけないという考え方も海外では強いようだが、日本の競馬はこの面では恵まれており、ギャンブルを文化と考えるイギリス並みである。

TCKのテレビ中継スタジオ。

# 142 海外の専門紙のほとんどが1紙独占、しかも大冊

出走馬に関する情報や予想を掲載した専門紙のあり方も世界の多くの競馬国と日本とで大きく違っている。日本のように多数の専門紙が発行されているのは香港ぐらいで、イギリスでは「レーシングポスト」と「スポーティングライフ」という2紙のみ、オーストラリアにもシドニー中心とメルボルン中心の2紙があるが、他の主要競馬国もおおむね1紙の独占となっている。それもすべて数十ページに及ぶ大冊で、1頭1頭の馬の長い期間の成績が詳しく述べられていて、日本の競馬新聞のようにレース直前に検討するというような用途には向かない。

競馬場で使われるのはおおむねレーシングプログラムで、最近の成績やレーティングが掲載されており、短時間に馬券を選ぶにはさほど不自由を感じない。専門紙は前日にしっかり馬券検討をしたい人のためのもので、そういう人は日本の専門紙よりもずっと詳しい情報を求めているため、大冊のものとなり、そうも多く売れるわけでもないので、1社か2社の独占となっているわけだろう。

アメリカの専門紙「レーシングフォーム」は1894年に創刊された歴史的な存在で、イギリスの「スポーティングライフ」は1842年創刊と、さらに長い歴史を誇っている。「レーシングフォーム」はアメリカの公式成績書を作成する役割も担っていて、競馬主催者や生産者、調教師からも絶大な信頼を得ており、そうした関係者が最も重要な顧客ともなっている。

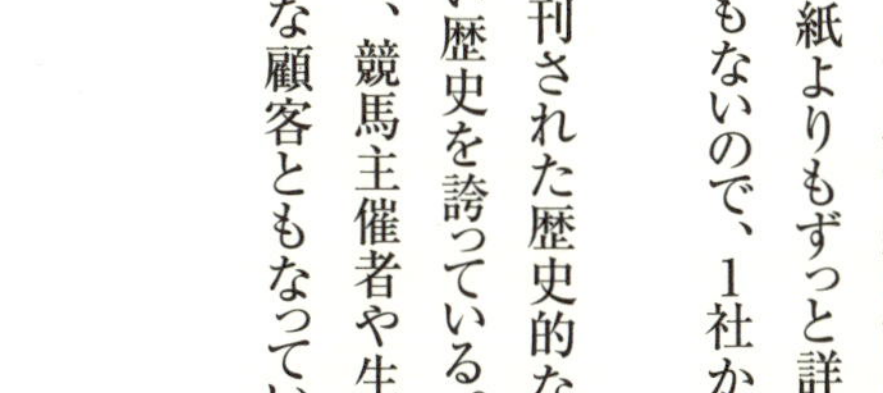

海外の競馬新聞は日本と比べてページ数が多い。

# 143 金も暇もない海外の競馬記者たち

日本の場合もそうだが、海外の競馬記者の多くは低収入で、早朝から夜遅くまで働き詰めという生活を送っている。とりわけ「レーシングフォーム」紙のように、オフィシャル成績書の作成を兼ねていると、すべての開催に一人は競馬記者が必要となるので、あちこちの競馬場を巡り歩かなければならない。しかも大冊の紙面には多くの記事を必要としていて、競馬場に居残って原稿を書いたりしなければならない。

私が初めて「レーシングフォーム」の記者と知り合ったとき、彼が日本の競馬について非常に詳しく、有力馬の近況などを質問されたのには驚かされた。それで「日本にいらっしゃったことがあるのでしょうか」と聞くと、金も暇もないので、一度も訪れたことはないという。

競馬場もそんな競馬記者たちを気遣ってか、記者室には早朝から深夜までコーヒーやサンドイッチなどを用意しており、感謝の気持ちが伝わってくる。

一方でそんな競馬記者の生活から抜け出したいと考えている人も少なくないようで、大オーナーのレーシング・マネージャーになったり、エージェントになったりという人も少なくない。競馬に関する知識は豊富だし、厩舎関係者などの人脈も強いので、確かに競馬記者の経験は最も役立つのだろうと思う。

むろん、そうした仕事に失敗して姿を見かけなくなった人たちも多いことはいうまでもない。

レーシングフォーム。

# 144 調教タイムと印による予想は日本独特

海外の主要競馬国と比較すると、日本の専門紙やスポーツ紙の記者の数は圧倒的に多い。その最大の理由は調教のせいだろう。日本のように調教タイムが新聞に掲載されているのは、アメリカの「レーシングフォーム」ぐらいで、アメリカではほとんどの競走馬が競馬場で調教されるので、タイムを取ることも難しくない。しかし、ヨーロッパでは厩舎の自前のコースで調教される馬も多く、ニューマーケットの調教場を使う場合も、タイムを取るようなハロン標があるわけではない。

また、調教タイムを予想の重要なファクターとする考え方そのものが希薄で、おおむね人気馬や狙い馬の調教だけをみて、その印象によって評価するというのが普通となっている。

予想に◎や▲のような印をつけて評価するのも日本独特のもので、専門紙もスポーツ紙もテレビも、すべて同じような手法で予想しているのは不思議といえば不思議なことだ。海外のほとんどの国では1番手から4番手ぐらいまでの馬名を列記しているのが普通だが、実際の内容は日本の場合とそうも差がないようにも思う。見やすさという点では日本の方法が優れているだろう。

調教タイムなしでどうして予想の時点でコンディションをつかむのかというと、おおむね調教師を信用する以外にない。したがって、海外では調教師の予想に占める役割がきわめて高く、調教師の名が多くの人々に知られている。

## 145 スターティングゲートの発明と改良

日本でスターティングゲートを最初に導入したのは大井競馬だったが、それまでのスタートはどうしていたかというと、バリヤーと呼ばれるバレーボールのネットのような網を張って、それを上に跳ね上げることで同時スタートを切るようになっていた。

そのようなバリヤーができる前はどうしていたかというと、旗の合図だけでスタートしていた。とはいえ馬をじっと静止させておくことは難しいので、少し手前からそろってスタート地点に向けて歩いていく。今の競艇のスタートのように、騎手が他の馬に合わせようと歩きを早めたり、遅くしたりしながら歩いて、揃ったところでフラッグが降り下ろされることになる。当然ながらダービーとか、ケンブリッジャーSのような多頭数のレースでは揃うのが難しく、何度もやり直しの歩きを行うことになる。

スターティングゲートは競馬を公正に行う上でも、時間を短縮する上でも大変な発明だったといえよう。

スターティングゲートを発明したのはアメリカ競馬だが、これも最初は鉄道の自動改札機のように、地面に置かれた低い枠だけのもので、そこから改良に改良を重ねて現在のようなスターティングゲートに発達した。特に脚のうるさい馬たちのために、下部を完全に開放し、トラクターで簡単にコース上に引き出せるメカニズムは、全く良くできたものと感心させられる。

# 146 競馬開催を支える三役

スターティングゲートができる前はスタートが非常に難しく、スターターの手腕がレースを大きく左右していた。アメリカやオーストラリアのような広大な国で、カントリー競馬が開催される時には、まずスチュワード、ハンディキャッパー、スターターという3人の役員が決められ、それら3者が開催のすべての責任を担うことになっていた。多くの場合は町長さん、商工組合長、銀行の所長（日本では郵便局長だろうか）のようなその町の重鎮たちがそれら3役を受け持つことで競馬の信用を獲得し、同時にそれらの人にとっても極めて名誉のある仕事となっていた。

ハンディキャッパーはレース前の登録など、すべての業務の責任者でもあり、スターターは馬体検査など、レース前の馬に関するすべての責任者でもあり、スチュワードは開催委員長のような役割とともに、審判、採決のようなレース後の業務の責任者でもあった。

確かにゲートによってスタートは容易となり、写真判定によって審判も容易となり、情報が整備されてハンデの作成も容易にはなったけれど、競馬の基本としてこの3者にかかる責任は決して軽減されるものではなく、3者を中心とした競馬開催という基本概念は現在にも通用するものだし、開催業務の考え方は、この3者に集約されるものを中心に据えられるべきだと思う。

公正競馬とは、まず責任のありかを正しく示すことでもある。

進入式スタート。

## 147 タイムを計測しない助走区間の不思議

ほとんどの競馬場では、スタート直後に助走区間を設けていて、数メートル（競馬場によって違う）走ってからタイムが計測されるようになる。どうしてそうなったのかはわからないのだが、あるいはゲートもバリヤーも使わない時代の進入型スタートに合わせたものなのかもしれない。

とはいえ、出遅れて記録上のスタート地点に来た馬が、そこからタイムを計測してもらえるというわけではなく、その間に落馬した馬が出走取り消しとなるわけでもないので、記録から除外された区間もレースの一部であることに変わりない。レースの一部だけがタイムを計測せず、その区間の距離も競馬場によって違うというのは何ともいい加減といえよう。

もともと、イギリスの野原で始められた競馬は、極めてラフなコースで行われ、馬場状態によってタイムは大きく違うし、レース展開の面でもずっとキャンターで走って、ゴール前だけ全力疾走に入るというものだった。それだけにタイムなど何の意味もないと考えられ、19世紀初頭までは、わずかな競馬場でのみ計測されているにすぎないものだった。だから、スタート地点の認定もその位いい加減なものとなったのだろうと思う。

現在の、特にアメリカにおけるダート競馬では、ほぼ天気に関係なく一定の馬場状態が保てるようになっており、こうしたタイム計測の方法も考え直されるべきではないかと思われる。

## 148 競走馬の能力に影響するスムーズな加速

スタートでは静止の状態から一気に全力疾走に移るので、競走馬にかかる負担が極めて大きい。

一定レベルのエネルギー消費までなら、呼吸による酸素摂取によって、エネルギー源となるＡＴＰなどを再生しながら運動を続けることができるのだが、急速な加速ではそれが不可能となり、体内に蓄えられているＡＴＰやグリコーゲンを消費しての無酸素運動を行わねばならない。

体内に蓄えられたエネルギーには限界があるので、スタート時にどれだけの無酸素エネルギーを使うかによって、ゴール前での無酸素運動の能力も変わってくるということになり、スタートでのスムーズな加速は、単なる位置取りとかタイムロスという以上に、競走馬の能力そのものにかかわる大きな問題となる。

騎手の手腕として、ゴール前でどれだけ追えるかとか、あるいはペース判断や折り合いも重要な要素ではあるが、スタートほど総合的な影響を与えてしまうものはないように思う。単純な計算では5メートル出遅れると、ただ単に5メートル分のタイムロスだけでなく、他の馬に追いつくまでに5メートル分の無酸素運動を多く要求されることにもなる。ゴール前で力を使い切るのがそれだけ早くなって当然であろう。

スムーズな加速は、早い時期に有酸素運動に切り替えることができるので、ゴール前ではそれだけ頑張りが可能となり、能力を最大限に生かせるといえよう。

## 149 筋トレに近いスタートダッシュの練習

スタートは競馬内容を決定付けるものだから、厩舎サイドや主催者サイドでは特に重視し、育成から調教までの間に丹念にスタートの練習をさせるし、初出走や久々のレースをする前には必ずゲート試験が行われる。

ゲートに慣れさせるために、最初は放牧地の近くにゲートを置いておいて、それが珍しくないものと感じさせ、やがて厩舎への行き帰りにそこをくぐり抜けさせる。調教を行うようになると扉のついたゲートに入れるようにし、実際と同じように、ゲートが開くとともにダッシュするトレーニングを始める。

特に短距離レースではスタートダッシュが重要なので、スタートと同時に全力疾走のトレーニングを行うことが多い。無酸素運動は心肺トレーニングを中心としたエクササイズと全く違うもので、主としてATPやグリコーゲンをため込む筋肉をつけるのを目的として、人でいえばウエイトトレーニングに近いものとなる。スタートダッシュから負荷を大きくするために坂路を上らせるのが最近の一般的な傾向となっている。

無酸素運動はATPやグリコーゲンを消費してしまうと、続けて行うことができず、体内の乳酸が消えるまで待たなければならない。そのために一度のトレーニングは、普通にこなせる以上に大きな負荷で行われる必要がある。それだけルーチン的なエクササイズよりも、スタートダッシュのトレーニングは難しい。

練習用のゲート。

## 150 スタートからの加速力で見分ける競走馬の能力

スタートで急な加速をせず、有酸素運動を取り入れながら徐々にスピードを上げていくと、競走馬にかかる負担は少なく、長距離レースではそのようなゆったりしたスタートとなることも珍しくないが、そんな中に優れた加速性能をもった馬がいれば、一気に先頭に立って、無酸素運動に移るころには大きな差をつけてしまうことができる。脚質的には「逃げ」ということになるが、鋭い末脚がないために逃げる馬とか、抑えるのが難しい気性で逃げるような、純粋に脚質的なものとは少々違っているように思う。

特に日本のダート競馬のように、有酸素運動に持ち込むには相当スピードを落とさなければならないような力の必要な馬場では、少々無酸素運動能力を消費しても前に行った方が有利となり、メンバーの強力なレースでは逃げ馬が勝つことが多い。レギュラーメンバー、イエローパワー、ベラミロードといった馬の強さはそういうもので、トーシンブリザードの場合も、たまたまフレアリングマズルという逃げ馬がいるため、結果的には2番手から行くことになるが、そうでなければ加速性能の良さによって、自然に前へ出てしまって逃げることになっていたと思われる。

こうした傾向は交流レースが活発になって、出走馬のレベルが上がるほど強くなっており、馬の能力を見分ける方法として、スタートからの加速能力を見るのが有効となっていきそうだ。

## 151 ジョッキーは「珍奇な奴」？

ジョッキーという言葉はもともとが蔑称で「珍奇な奴」というような意味だった。したがって古典英語が使われるオーストラリアなどの公文書にはジョッキーではなく、ライダーと書かれていることが多い。

初期の競馬ではオーナー自身が騎乗してレースに出場していたので、競馬にうつつを抜かす珍奇なやからというのはオーナーたちを意味していた。当時の貴族たちは政治家としての重要な役割を担っていたので、競馬に熱意を燃やす人が軽蔑されて当然でもあったようだ。彼ら競馬マニアたちもそれを認めていて、自分たちのクラブをジョッキークラブ、つまり珍奇なやからのクラブと名付けたわけだが、後にそのジョッキークラブこそ社交界の最高権威となって、イギリス政財界にも大きな影響力を持つようになった。おそらくジョッキーという言葉が蔑称でなくなったのは、そのようなジョッキークラブの威光によってであろう。

馬術など他の乗馬スポーツではジョッキーという言葉が使われることがなく、ジョッキーが競馬だけの特殊な用語であるのもそうした理由によるもので、その代わり、ディスクジョッキーのような馬以外のものに「乗る」場合にはこの言葉が使われる。競馬の世界では英語圏以外でもジョッケなど、それぞれの国の発音で使われており、発祥での小ささ、怪しさに反して世界中の人々のだれでも知っている言葉となった。

イギリスジョッキークラブ。

## 152 騎手服に残された、ジョッキーとしてのオーナー

競馬は賭け（馬主間の）を目的として始まったものなので、勝つためにはさまざまな手段が講じられることになるが、その最初がプロ騎手の雇用だった。むろん馬主の中には腕自慢もいて、自分でレースに出る人も少なくないので、今でもスポーツとしてアマチュアジョッキーのレースがイギリスなどに残されているけれど、真剣勝負となるとやはり体重が軽く、騎乗技術の優れたプロ騎手を乗せたほうが断然有利で、ほとんどのレースがプロ騎手によって争われるようになっていった。

日本の地方競馬の場合、騎手がレースで着ている服色は、それぞれの騎手の個有のものとなっているが、世界的にはもともと騎手がオーナーの代理として騎乗するものなので、オーナーの服色で出走するのが普通となっている。つまりジョッキーとしてのオーナーの伝統は騎手服のみに残されたわけである。

日本の地方競馬以外では、アルゼンチンの騎手服がオーナーのものではなく、生産者が管理する厩舎の服色となっている。しかし、これも18世紀のイギリス競馬では貴族の生産者が経営する厩舎に、オーナーが出資するのが一般的だったためで、騎手が馬の主権者の代理として騎乗するという考え方にはかかわりはない。

地方競馬が世界競馬の伝統を踏襲していないのは、当初が戦後の復興資金を目的としていたからだが、結果的には本当の騎手服という面白い発想にもなった。

# 153 メンタルな能力の比重が極めて高い騎手

一般にスポーツ選手に求められるものは、フィジカルな体力と、集中力、決断力、闘争意欲といったメンタルな能力だが、競馬の騎手の場合は、競技におけるフィジカルな面のほとんどを馬に依存することになり、射撃とか、野球といった道具を使うスポーツと同様に、メンタルな能力の比重が極めて高い。

特に現代競馬では個々のレースの距離が短くなって、肉体的疲労はかなり軽減されており、一方で交通の便が良くなったので、一流騎手なら毎日さまざまなコースで数多くのレースに騎乗できるようになっている。おそらくプロスポーツ選手の年間の競技回数の数では、競馬の騎手がずば抜けて多いだろう。

それもフィジカル面での比重が低いからで、特に無酸素運動による消耗がほとんどない。とはいえ、それはあくまで馬に乗ることに慣れたプロ騎手だからの話で、全くの素人が競馬に出走すると、スタート地点までの騎乗だけでも相当な体力を消耗するし、ゴール前で追うというエクササイズは大変な運動量となってしまう。プロ騎手とアマチュア騎手の格差がぐんぐん開いていった理由も、そういうところにあるのだろう。

プロの中にも単純に馬に乗ることに関しての上手、下手の差はあり、シューメーカー騎手は地上を歩いているのと同じように馬に乗っていることができたという。おのずから集中力を高める余裕もできていっただろう。

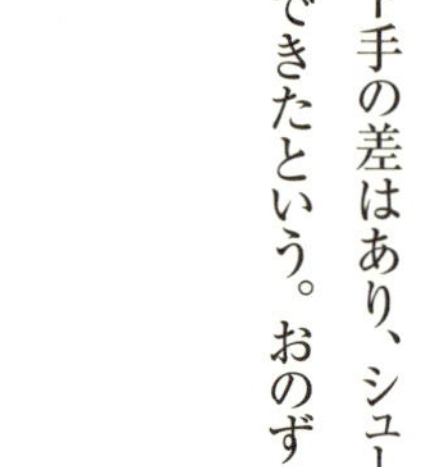

シューメーカー騎手。

## 154 「追う」には体力に加え、高い技術が必要

騎手のフィジカルな能力として最も重要なのは「追う」と呼ばれるアクションである。馬の伸縮に合わせて首を押し、鞭を使って興奮を呼び、タイミング良く脚を絞めて馬の全力疾走を引き出すが、馬によって反応が異なり、反応が悪い馬の場合は騎手に相当なエネルギーが要求される。

スタートでも騎手が体力を使うことが少なくなく、ダッシュのつかない馬に対してはゴール前で追うのと同じように扶助しなければならない。一方でスタートから興奮して全力疾走してしまう馬に対しては、手綱を引き締めて力をセーヴさせなければならない。手綱を少し緩めると行ってしまう馬もいるので、抑えるのが追う以上に力を必要とするケースも少なくない。

そうした運動は体力だけでなく高い技術も必要とし、押す場合も引く場合もタイミングや力加減、リズムが悪いと全く効果が出ず、さほどの力を使わなくてもタイミングやリズムで十分な効果を発揮できることも多い。したがって技術の優れた騎手ほど一度の騎乗での体力消耗が少なくなり、次の騎乗でも同じように馬の力を引き出せることになる。

騎手の成績は優れた人と、そうでない人との成績の差が大きく開いていく傾向にあるが、それは単に一つ一つのレースでの能力差以上に、疲労度の差としても累積されていき、他のスポーツ選手と比較すると、チャンピオンが長くトップを守り続けるようになる。

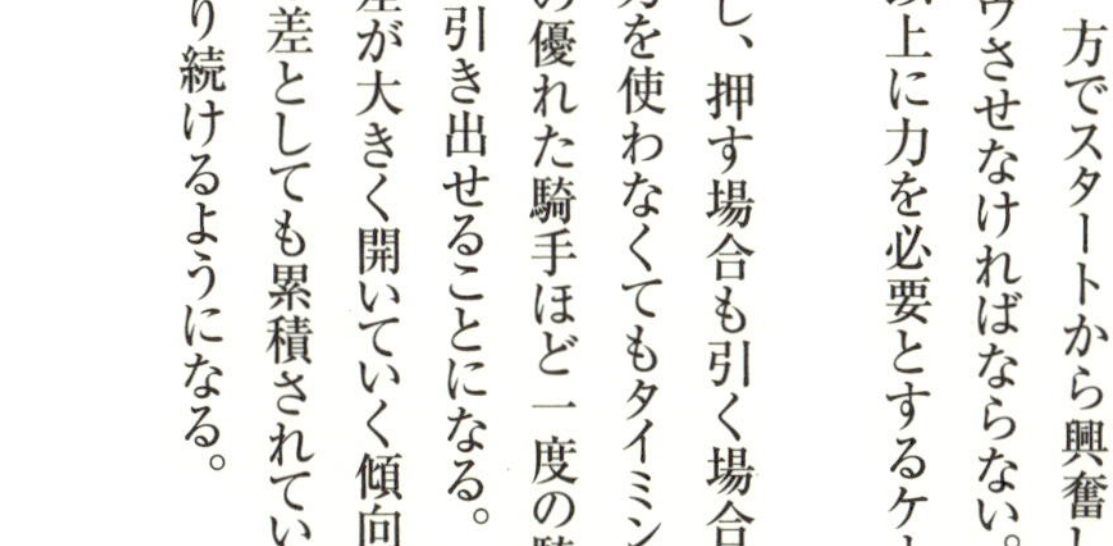

直線で馬を追う騎手たち。

## 155 「テンジン乗り」から「モンキー乗り」へ

かつては「テンジン乗り」といわれる高い姿勢で、長いアブミと長い手綱を使い、馬術に近い騎乗によって競馬が行われていたのだが、アメリカで現在の「モンキー乗り」が開発され、それがヨーロッパや日本にも伝わってから、騎乗技術に大きな変化がおこった。

モンキー乗りを日本に伝えたのは保田隆芳で、ハクチカラがアメリカ遠征した時に、現地に長期滞在して、その間にこのアメリカ式の騎乗法を習得した。

モンキー乗りは馬の背に沿った姿勢で乗るので、馬にかかる負担が少なく、有酸素運動での走りでは特に効果が高い。ダート競馬では急な加減速が比較的少なく、加速する場合も徐々にスピードを上げていくので、モンキー乗りがいとも自然な騎乗法となり、アメリカでこの乗り方が開発されたのも当然といえるだろう。

しかし、アブミを短くするために脚がほとんど使えなくなり、追う時には力を発揮できないとも考えられた。また鞭を使う姿勢にも無理があって、芝競馬のような末脚勝負の競馬には不向きとも考えられた。このため、初期にはヨーロッパでも日本でもテンジン乗りとモンキー乗りが半々という状態が続いたのだが、脚の代わりに押すという追い方が普及し、鞭に関しても多くの場合は見せ鞭が有効なことがわかって、ヨーロッパでも日本でも完全にモンキー乗りが支配するようになった。

## 156

# 騎手に求められるさまざまな技能

押したり抑えたりという力仕事以外にも、騎手にはさまざまな技能が求められ、まずは馬の個性や能力を知って、どのようなレースをさせるかを考えなければならない。特に敏感過ぎる馬や鈍重過ぎる馬にはそれぞれの対策が必要だし、内に切れ込む癖があったり馬群にもまれると気力が萎えてしまったり、先頭に立つとソラを使う（走る意欲を失う）馬とか、鞭を使うと怒って止まってしまう馬とか、ハミ受けの悪い馬とか、むしろ癖のない馬の方が少ないぐらいである。

レース展開の読みも重要で、ハイペースで先行馬がバテるレースとなるのか、スローで逃げ馬有利となるのか。時にはハイペースであるために、後続馬の方が追走に力を消耗してしまう場合もあるし、スローペースで末脚だけの勝負となるために、後方の瞬発力のある馬が一気にやってくるレースとなる場合もある。

前にいる馬が後退してきて自分の馬の進路を妨げる可能性もあるので、他の馬の脚色もみていなければならず、後方から追い込んでくる馬がいるかもしれないので、出走馬のメンバーについても、あらかじめ知っておかねばならない。こうした多くの情報をレース中に処理できる能力もまた騎手の重要な技能といえよう。

武　豊とか石崎隆之といった名騎手はおおむね、これらのすべてに優れていて、優れた技能による余裕が、さらに多くの技能をマスターさせているのだろう。

5000勝を突破した船橋の石崎隆之騎手。

# 157 メンタル面で最も重要なのが集中力

モンキー乗りになって、フィジカルな騎乗姿勢や力の使い方に大きな変化がおこっても、メンタルな面での騎手の能力はほとんど変わらず、優れた騎手はそのまま活躍し続けることができた。

騎手の能力として、メンタルな面で最も重要なのが集中力であることは他のいかなるスポーツにも共通するが、例えばゴルフならミートの一瞬だし、飛び込みならジャンプから着水まで、幅跳びや高跳びならジャンプと助走の時だけなのに対し、騎手の場合はスタートからゴールまで、かなり長い時間の精神集中が要求される。

しかも、その間の決断やアクションや予測といったファクターは極めて多く、自分の馬に対しては走り、興奮度、集中心、手綱のコミュニケーション、脚の反応などを観察しなければならず、そのために目や耳の動きとか、背から伝わる動きのスムーズさなど、様々なことに気を付けていなければならない。他の馬の脚色とか、位置とか、状態なども可能な限り知らなければならず、ペース判断は単に動きの感覚だけでなく、流れ全体のゆとりや激しさも感じ取る必要がある。それらを総合して追い出すタイミングとか、それまでのポジションを求めなければならない。その間にも常に不測の事態が起きる可能性があり、自分の馬と他の馬の異常な動きには常に神経を研ぎ澄ませておかなければならない。果たしてそんなことが一人の人間に可能なものなのだろうかとも思える。

## *158* パーフェクトな騎乗という困難に挑む

実際のところ、騎手にとってのパーフェクトな騎乗というようなものは、あり得ないのではないかとすら思えるのだが、現実には必ずしもそうではなく、例えば競馬史における至上の名手といわれ、騎手としての業績だけで唯一人、サーの称号を得て貴族に列せられたサー・ゴードン・リチャードのような人は、かなりのパーセンテージのレースでほぼ完全な騎乗を実現したといわれている。

むろん騎手ならだれでも可能というわけではなく何よりも天分が求められるので、こうした難しさを知るにつれて、騎手を断念する人も少なくなく、また、パーフェクトを求めずに、自分にできる範囲の中で可能な限り最良の騎乗をしようと考える人も多い。しかし、そのように困難なものと知るにつけ、よけいパーフェクトに挑みたくなる一面もあり、少なくともパーフェクトに近い騎乗ができる騎手は、何とかそれを実現しようと考えるだろう。それまでさほど目立たなかった騎手がぐんぐん成績を上げて、すばらしい騎乗を見せるようになるのはそのような時期で、逆にスランプに陥るのはそうした意欲が失われたか、単に意欲だけになってしまった時だろう。

馬主、調教師、馬券購買者などから大きなプレッシャーを受け、危険と減量苦とライバルからの敵意の中で騎手が戦い続けるのは、そうした理想の先に大きな勝利が待ち受けているからといえるのだろう。

女王陛下とゴードン・リチャード

## 159 経験と意欲、集中力が生む名騎乗

ぼんやりしていると、前の車が停止したのにも気づかずに追突してしまうということすらあるけれど、運転に集中していると前後左右のすべての車の動きがわかり、次にどのような位置に来るかもかなり予測できるもので、極めて日常的なレベルにおいてすら、集中力があるとないとの格差は極めて大きい。

騎手として優れた経験を積み、常にパーフェクトな騎乗をしようという意欲を持ち、ゲートに入った時から研ぎ澄ました神経でレースに専念できると、常人には考えられないほどの騎乗が可能となるものだ。歴史的な名騎手の多くは、そのようにして想像を絶した名騎乗を実現してきた。

最初は馬に乗っているだけでさまざまなことに気づかいを必要とし、とても馬の気持ちがどうかということまで考え切れないけれど、馬に乗っていることが当たり前となると、馬の仕種や走りから少し普通と違うものだけを的確に見つけ出すことも可能となる。他の馬の動きに関しても、特にどの馬がどこというような確認をしなくても、周囲の馬の走りを感じながら、ライバルがどの辺りにいるかを予測できるようにもなる。そうした状態では気持ちにゆとりがあるので、どこかで異常な動きをする馬がいればすぐに見つけ出すことも可能だし、それに対する反応も特に意識をしなくてもできるようになっていく。パーフェクトな騎乗ができるのも、そういう域に達してからといえよう。

## 160 外国のように追い込まれない日本の騎手

集中力というものは、必ずしも興奮状態で高まるわけではなく、緊張状態とも異なったものなのだが、無理に集中しようとすると、興奮や緊張を伴うことも否定できない。集中力だけならレースを終えるとすぐに消え去るが、興奮や緊張は容易に解けるものではなく、それが騎手たちに大きな負担となって、昔から偉大な騎手がアルコール中毒に陥ったり、不眠症から自殺に追い込まれたりという例も少なくない。

ただ、そうした世界的な傾向が認められるにも関わらず、日本ではほとんど落馬事故以外の大騎手による悲劇の例はなく、日本の騎手は自己コントロールが上手なのかとも思えるが、おそらく人権よりも治安を重視するという典型的な発展途上国型の強い管理体制があるおかげで、自己コントロールの困難に直面しないで済むのではないかと思う。また、免許の制約が強いため、騎手がそうも頑張らなくてもやっていけるという甘い制度によって、外国の騎手のような追い込まれた状況に置かれることも少ないのだろう。

治安最優先というようなあり方は工業力などの先進国として恥ずかしい限りであるが、騎手という仕事に限定すれば、外国のような過当な競争によって、常に精神的な圧迫を受けているのが良いとは限らない。むしろ騎乗技術としての集中力は、多少の余裕の中で育つもので、騎手もまた競馬を楽しめることが必要となる。

談笑する外国人騎手。

# 161 オーストラリアで受けた騎手からの弁明

私はオーストラリアで競走馬を生産していて、年に一度ぐらいは自分の馬のレースを観にいくが、調教師は私の目の前で何とか勝たせたいと、勝てば賞金の20%を進上金にするという条件で一流騎手を雇ってくれた。

レースでは写真判定の惜敗で2着に終わったのだが、騎手は馬から降りると、まっすぐ私のところへ駈け寄ってきて、どこでどうしたけれど前の馬に邪魔をされたとか、最後は懸命に追ったのだけれど届かなかったとか、長々と弁明をしながら勝てなかったことを詫びた。

日本では珍しいことなので少し当惑したが、「いや、とても良く走らせてくれた。もともとワンペースの馬だからね」というと、とても晴れやかな笑顔になって、「私もそう思っていたんです。良い馬に乗せて下さってありがとう」といって握手を求めた。

本人も勝っての賞金が入らないので悔しいはずだが、まず自分に課せられた責任を考えるというのはすごいと思うし、競争の激しさがそのようなすばらしい人格を育てているという点にも改めて驚かされた。むろんオーストラリアでもすべての騎手がそうであるわけではなく、むしろ一流騎手ならパーフェクトに乗って当たり前という自負心に裏づけられたものでもあるのだろう。そのような自信こそ、騎手に優れた集中力をもたらし、レース中の出来事の一つ一つにも的確な判断ができるようになっていくのだと思う。

## 162 佐々木竹見騎手とサー・ゴードン・リチャード騎手

引退した佐々木竹見騎手には不思議なほどサー・ゴードン・リチャード騎手に重なるイメージがある。東北の農家（リチャードの場合は炭坑の出身）から、全く縁のない競馬の世界に飛び込んできて、普通の人なら苦労と思うような下積み生活を、とても楽しいことと思えぬほどの忍耐強さを持ち、小柄でずん胴な体型も良く似ているように思う。

特に思い切ったプレーをするわけではなく、独特の騎手観を持っているというわけでもない。ただ少しでも馬の能力を発揮できるように、すべてのレースで精一杯の騎乗を続け、レースを重ねる度に一つ一つ疑問点を解消していき、いつかトップ騎手の地位に長く君臨することになった。サー・ゴードンも、佐々木騎手もパーフェクトな騎乗をずっと追い続け、いつか限り無くパーフェクトに近い騎乗を続けるようになっていたのだろう。

違うのはサー・ゴードンが女王陛下をはじめ、世界のホースメンから大きな尊敬を受けたのに対し、佐々木騎手が活躍した時代の地方競馬が、日本という無名競馬国の中のマイナーな存在だったことだが、サー・ゴードンはそれだけ大きな責任を背負い、大きなプレッシャーとともに騎乗しなければならなかったのに対し、佐々木騎手がずっと競馬を楽しみ続けることができた。あるいはサー・ゴードンが佐々木騎手を知れば、むしろ羨ましく思ったのではないだろうか。

生涯成績7153勝の佐々木竹見騎手。

# 163 騎手が脇役の地位しか与えられていない理由

すべての運動競技の中で（チームで争うものを除いて）、人が選手として参加しながら人以外のものが主役となるのは競馬だけだ。馬術競技などでは馬も表彰されるけれど、勝者として扱われるのはあくまでも人だし、自動車競走とかヨットのように運動エネルギーを他のものに依存しているスポーツも、すべて人が勝者として記録されている。競馬の騎手だけが選手でありながら、常に脇役の地位しか与えられていない。

その理由として、もともと騎手がオーナーの代理として雇われた存在であったことと、競馬が優れた馬を追求するために発達したものであることが考えられるが、観戦スポーツとして成熟した現在では、そうした立場が逆転してもおかしくはない。

もっと大きな理由は、競馬においては騎手が担当する部分がそうも大きくなく、出馬表が出る以前にレースのかなりの部分が終わってしまっているからだ。生産、育成、調教のプロセスで歴然とした能力差が生じ、多くの場合は騎手が騎乗する前に、評価がほぼ決定づけられている。特にチャンピオン戦になれば、そうしたレースに出走できる馬となることが、そのレースに勝つよりもずっと困難なこととなっている。騎手はむしろ競走馬の勝利への過程の最終段階で、その能力を正しく引き出すのが主な仕事というべきだろう。

そのためには何よりも大きなミスをしないことが最も重要となることはいうまでもない。

## 164 競馬全体と個々のレースで異なる騎手の重要度

馬券予想で馬何パーセント、騎手何パーセントという表現が使われるが、大きな視野でみれば競馬における重要度は、馬が99パーセント、騎手は1パーセントという程度だろう。低い能力の馬にどんな天才騎手が乗ってもほとんど勝てる可能性がないが、トーシンブリザードでならプロとして水準以上の能力を持った騎手ならほぼ勝てるだろう。

では予想のファクターとして騎手の技能が問題にならないほど小さいのかというと、全くそうではない。というのも、ほとんどのレースは実力面では差のないメンバーで争われるよう番組が組まれており、レース展開とか、スタートとか、追い出すタイミングとか、追われてどれだけ伸びたかというようなことで勝ち負けが決まる場合が圧倒的に多い。つまり個々のレースとなると、騎手の手腕が占めるパーセンテージがぐんと高くなり、むしろ騎手が90パーセントを超えてレースを決定づける場合も少なくない。

つまり競馬全体の大きな流れにおいて、騎手の役割は大きいものではないが、個々のレースについては騎手の巧拙が馬の能力以上に重要となり、このギャップが競馬の世界で騎手の立場を難しくしているといえるだろう。

リーディングジョッキーという考え方は、馬の場合と違って勝ち数によって決められるのもそのためで、騎手にとってはGⅠレースも未勝利戦も勝つことの難しさは変わらない。

大井競馬のスター騎手・的場文男。

## 165 下級レースでの名騎乗にスポットライトを

騎手にとっては能力差で決着がつく大レースよりも、むしろ何らかの勝てない理由を弱点として持っている未勝利戦の方がむしろ勝つのは難しい。それでいて大レースを勝てば高額の進上金を手にすることができるし、大きな栄誉も得ることができる。一方、どうしても勝てなかった未勝利馬を苦労して勝たせても収入はわずかでほとんど注目されることもない。

それでも大レースで能力の高い馬に乗せてもらうには、下級戦で好騎乗をすることによって認められなければならず、一流騎手でもミスを重ねると大きく信用を失ってしまう。下級レースと乗るチャンスを与えられることそのものに大きな意味があり、結果的に報われることが少なくても、騎手は常にぎりぎりの集中力を要求されることになる。

そうしたレースで騎手の気持ちを支えているのは、やはりプロとしての誇りとレースで戦えることの喜びであろう。馬券を買っている観客にとっては、大レースも未勝利戦も同じように賭けている馬が勝ってくれることを望んでいるもので、その点では下級レースでの騎手の努力を最も理解できるのは賭けている観客ではないかとも思う。

ほとんど語られることがない下級レースでの名騎乗に対しても、もっとスポットライトがあてられて良いと思うし、少なくとも観客としては精一杯の声援を送りたいものだと思う。

ファンの応援で熱気溢れる大井競馬場。

## 166 最も厳しい自由競争にさらされている騎手

日本の場合は極めてわずかな現役騎手のみに免許が与えられていて、ほとんどの騎手がそれなりの騎乗機会に恵まれているが、それでも競馬の世界で騎手が最も厳しい自由競争にさらされている。

下級レースで悪癖を矯正しながら育ててきた馬が大レースに挑むと、一流騎手に乗り替わられてしまうというようなことは珍しくないし、安藤勝己騎手のように優れた手腕を持っていれば、ＪＲＡの免許を持っていなくても、交流競走の臨時免許だけで、ＪＲＡの一流騎手として活躍できるだけの騎乗機会にも恵まれる。

これが世界の競馬となると、さらに厳しい競争世界で、騎手免許は騎手としての能力さえ持っていれば誰でも取得できるので、日本でいえば厩務員とか調教助手とか育成牧場の乗り役のような人も、多くが騎手として登録されている。そんな中から実際のレースに騎乗できるのはよほどの技能を持っているか、調教師の子息などの恵まれた環境にある人たちで、無名騎手がたまたま与えられたチャンスに失敗すると、当分は次の騎乗機会に恵まれることはない。

一方、オーナーや調教師の側でも一流騎手に乗ってもらうのは大変で、他の馬と競合する場合などは、進上金などで有利な条件を提示しなければならない。一流騎手はとことん恵まれるし、下積み騎手はとことん恵まれないという極端な格差が生まれてしまう。それだけに上を目指す気持ちも人一倍強くなることになる。

中央競馬に転ずることになった笠松競馬の安藤勝巳騎手。

# 167 騎手はファンにとって親しみ深い存在

競馬の主役は馬でも、個々のレースの勝ち負けは大きく騎手に左右されるので、馬券を買う人には騎手の手腕が馬の能力と同じぐらい重要となる。馬はレースごとに変わるけれど、騎手は1日に何度もレースに出てくるし、何年にもわたって活躍し続けてくれる。したがって個々の騎手の特徴や得意、あるいは弱点を経験的に知るのも難しくなく、一度得た知識や考え方を長く利用できる。実際にかなりのパーセンテージの人が騎手で馬券を選んでいるようだ。

優れた騎手は乗り馬を選ぶことができるので、多くの場合は勝てる可能性があり、それで手腕が確かなら何レースかの1つは勝って当然だろう。

また、コース別とかクラス別とか、距離、血統、脚質などによる騎手の得手や不得手を調べておくと穴馬を見つける可能性も高くなる。騎手だけで馬券を選ぶのは正道とはいえないけれど、競馬の初心者には騎手が最も入りやすい馬券選びで、少し経験値を獲得して馬を見るようになっても、結局は当たらなくて騎手に戻ってくるという人も少なくない。

それぞれに得意とする騎手がいて、その騎手を中心に馬券を買って的中することが多ければ、当然その騎手のファンとして応援する気持ちも出てくるし、応援しながら馬券を当てれば最高の気分になれる。このように騎手は競馬にとって最も親しみ深い存在で、名騎手を育てることが競馬の将来を大きく担うものとなる。

## 168 騎手の選定でもめる調教師とオーナー

調教師とオーナーとの間で生じる善意のトラブルで最も多いのが騎手の選択であるのは、日本の競馬でも海外の競馬でも同じであろう。調教師がお抱え騎手を乗せようとし、オーナーはスター騎手を乗せたいと思って対立するのが最も多く、オーナー側がお抱え騎手を乗せようとして、調教師の考えと対立することもある。

若手騎手や外国人騎手に対する評価の違いがあったり、難しい馬なので日ごろから調教で乗っている騎手でなければ扱えないというような理由であったり、単に姻戚関係にあるのでチャンスを与えたいと考えたり、トラブルの原因はさまざまではあるが、基本的には誰を乗せるかという権限は調教師の側にあり、これに対してオーナーは、お抱え調教師の場合は調教師との契約を破棄するか、単に預託しているだけの場合は、持ち馬を他の厩舎に移すという対抗手段を取ることになる。

過去に多くの名馬の騎乗者を巡ってそのような事件が生じており、それだけ調教師にもオーナーにも騎手への思い入れが強いといえるのだろう。特にオーナーの側とすれば、繁殖牝馬を育て、高価な種付け料を支払って優れた産駒をもうけ、手間隙をかけて育成し、順調に勝ち上がってきていよいよ大きなタイトルに手が届くという時に、少しでも優れた騎手で仕上げてもらいたいと考えるのは当然で、どちらが良いかというより、自分の納得のいく戦いをしたいと考えるわけであろう。

レースに勝って嬉しい口取り。写真は1998年の「第4回マイルグランプリ」アブクマポーロ。

## 169 地位も知名度も極めて高い海外の調教師

調教師は競馬というシステムの中心的存在で、生産者やオーナーから競走馬を預かり、馴致をし、トレーニングを重ねて、適切なレースを選択し、騎手を選んで出走させる。これらの多くは調教師自身が行うわけではなく、馴致は馴致の専門家が、トレーニングは調教助手が主に行うし、出走レースや騎手の決定にはオーナーの考えを取り入れることも少なくない。

しかし、競走馬は常に調教師の管理下にあり、レースでの成績やアクシデントについての最終責任は調教師にあり、いわばチームプレイにおける監督のような存在といってよいだろう。それだけに馬の性癖や能力、その時々の状態、個々のレース内容、騎手の手腕、血統や馬体の特徴、エクササイズの効果、サラブレッド市場の動向、競走馬の一般的な疾病、果てはオーナーの経済状態から厩務員の働き具合まで、およそ競馬にかかわるすべてについて精通し、それらを巧みにさばく能力が要求される。

したがって海外では調教師の地位が極めて高く、競馬ファンにも騎手の名前以上に、調教師の名前の方がよく知られており、大レース後などの新聞の見出しのトップを飾るのも、多くの場合は調教師の名前である。アメリカでのウエイン・ルーカス、オーストラリアでのゲイ・ウォーターハウスといった名前は、その国の競馬の世界で最も知られており、その動向はいつも最大の注目を浴びている。

ゲイ・ウォーターハウス調教師。

## 170 日本の調教師の知名度が低い理由

日本の調教師の名前があまり知られない理由は、すべての調教師が貸付厩舎で経営し主催者の厳重な管理下にあって、馬の売買とか、生産活動とか、馬を持つことなど多くの重要な活動が禁じられ、貸付厩舎の馬房数も制限されていて、実質的には主催者に雇われた能率給のサラリーマンに近いような立場となっているからだ。活動が制限されている代わりに、日本では調教師免許を持っているすべての人に厩舎が貸し付けられ、調教施設のほとんどが無料で使用できて、スタッフや騎手、時には馬（抽せん馬）すら主催者からあてがわれて、ほとんど食いっぱぐれることはない。

世界のほとんどの国の調教師は自分で厩舎を持ち、貸付厩舎で経営する場合も高い賃貸料を支払わなければならず、馬は自分で買い集めるか、預けてくれるオーナーを自分で捜し出さなければならない。むろん厩舎スタッフや獣医、装蹄師、輸送などもすべて厩舎で手配しなければならない。当然ながら資本金の相違や経営手腕の相違によって格差が生まれるし、競馬での成績次第で繁栄もすれば、倒産にも追い込まれる。

競馬にかける真剣度も大きく違うし、個々の調教師の手腕もはっきり成績に表れるので、馬券を買う側も調教師によって賭ける馬を選ぶことになる。

成功した調教師が大ヒーローとなるのは当然ともいえるだろう。そして日本でほとんど調教師の名が口にされないのもまた当然ということになる。

## 171 一国の競馬の盛衰を握る調教師

日本では調教師が、競馬というシステムの中の小さな存在でしかないが、世界の競馬では調教師が競馬の中心となって、競馬そのものを作っているとすらいえるだろう。国や地域にとっても、調教師によって競馬が栄え、競馬が衰退していくといえるほどで、例えばフェデリコ・テシオ調教師の活躍によってイタリア競馬は一流競馬国に発展し、ヴィンセント・オブライエン調教師はアイルランド競馬の全盛期を築き上げた。

コリン・ヘイズ調教師の存在はサウスオーストラリア州の競馬を、ニューサウスアエールズ州やヴィクトリア州と同様に重要なものとしていたし、ホイッティンガム調教師の存在はアメリカ西海岸の競馬を東海岸の中心地と対抗させるものとしていた。

これらの調教師によって多くの名馬が育てられただけでなく、多くのホースマンが集まり、大レースが発達し、人材が育ち、名種牡馬や偉大な繁殖牝馬が出るので馬産も育っていくことになる。

こうした人々は単に競馬史における偉人であるだけでなく、それぞれの国や地域の代表的企業のオーナーたちと同じようなＶＩＰでもあり、実際に大富豪でもある。テシオ調教師が亡くなるとイタリア競馬は衰退したし、ヘイズ調教師の引退後はサウスオーストラリア州の競馬に活力が失われた。しかしホイッティンガム調教師が亡くなっても、偉大なルーカス調教師の存在がカリフォルニア競馬をさらに繁栄させている。

フェデリコ・テシオのドルメロ牧場。

## 172 調教師の帝王〜ロバート・ロブスン調教師

調教師は競馬の中心的存在であるにも関わらず、調教師という仕事が重要なものと認められたのはかなり遅く、18世紀のレーシングカレンダーには調教師の名前が出ていない。それまでは調教師が貴族のオーナーに雇われた厩舎長のような存在だったり、平民オーナーの場合は現在の馬術家のように自分で調教してレースに挑ませたりと、さまざまなケースがあったが、当然ながらニューマーケットで自分の厩舎を経営し、馬を預かって調教をするような人もいた。

そんな中にも当然ながら馬の扱いが巧みな人や、馬の性癖や生理に詳しい人がいて当然で、そのような名人に競走馬を預けると安心だし、レースでも勝てる可能性が高くなる。ワクシー、ホエールボーン、ウィスカーといったダービー馬を続けて送り出したロバート・ロブスン調教師は多くの関係者の尊敬を集め、「調教師の帝王」と呼ばれることによって、調教師としての役割が最初に認められた。

ロブスン調教師のもとには彼の技術や知識を学ぼうと多くの人々が集まってきたが、そんな中からジョン・スコット調教師、ジョン・バートラム・デイ調教師、トマス・ドウスン調教師といった最初の世代の名人たちが育っていった。やがて調教師の地位が確立され、単に馬のトレーニングをするだけでなく、競馬にかかわるすべての分野に強い影響力を持つ存在となっていき、ついには競馬のさまざまな活動の中心に位置するようになった。

ニューマーケットの調教風景。

## 173 北の魔法使い〜ジョン・スコット調教師

調教の技術開発もかなり遅く、高度なテクニックを駆使するようになったのはジョン・スコット調教師以降だから、確かに調教師の地位が認められた時期と合致している。誰が調教しても大きく変わらないという状況下では、その仕事の価値が評価されなかったのも無理からぬことともいえよう。

スコット調教師はニューマーケットの北にホワイトウォール牧場を開き、ジョン・ボウズなど、多くのブリーダーの信頼を受けて大レースを次々と勝ちまくった。スコット調教師の手にかかると、まるで魔法のように高い能力を発揮するので「北の魔法使い」と呼ばれたが、その後は偉大な調教師が魔法使いと呼ばれる伝統が生まれた。つまり、ドルメロの魔法使いといえばフェデリコ・テシオで、マントンの魔法使いといえばアレック・テイラー調教師を指す。

スコット調教師は多くの人々に慕われ、厩舎には常に様々な人々が入り浸っていた。その中にはホール、ヘリングといった著名な画家もいて、おかげでウエストオーストラリアンなどの、この時代の名馬の優れたポートレートが数多く残された。ウエストオーストラリアンの生産者ボウズはジョッキークラブの傲慢を嫌い、競馬への情熱も失っていたが、スコット調教師との友情のために馬を持ち続け、スコット調教師の死とともに競馬と完全に縁を切った。すでにスコット調教の影響力は競走馬のトレーニングだけではなかったといえよう。

WEST AUSTRALIAN。

## 174 調教に導入された「馬を絞る」という考え方

「北の魔法使い」と呼ばれたスコット調教師が見出した調教の秘密とは、馬を軽くすることだった。それまでは馬が立派にみえれば良い状態と考えられ、どの馬も丸々と太ってレースに挑んでいた。

スコット調教師によって、初めて馬を絞るという考え方が調教に導入されたわけだが、そのために調教が極めて高度な技術を必要とするようにもなった。絞るためには個々の馬のトレーニングの受容能力を知らなければならず、オーヴァートレーニングによって馬を壊してしまう危険と隣り合わせで、ぎりぎりの状態を探らなければならない。常に馬を観察し続けていなければならず、飼料にも細心の注意をはらわなければならない。

単に調教師の仕事が多くなっただけでなく、学ばねばならないことがぐんと増え、新たに追求しなければならないことも多くなった。

後の時代の大調教師フレッド・ダーリングは、生涯ほとんど厩舎を離れることがなかったというほどいつも馬とともに過ごし、常に馬をベストの状態で出走させ続けた。ダーリング調教師のベックハンプトン厩舎の馬は「ベックハンプトンの華」を背負ってレースに出てくるといわれるほど、研ぎ澄まされ、張り詰めた馬体が誰の目にも明らかで、それはダーリング調教師の優れた才能に加え、人生のすべてと引き換えるほどの情熱によって初めて実現したものであった。偉大な調教師が多くの人々の尊敬を集める所以といえよう。

フレッド・ダーリング調教師。

## 175 マントンの魔法使い～アレック・テイラー調教師

「マントンの魔法使い」と呼ばれたアレック・テイラー調教師もほとんど人付き合いをせず、優れた調教師には珍しく、オーナーの希望を何でも受け入れて、全く強い自己主張をすることもなかったので、どのようにして12回もリーディング・トレーナーに君臨し、ゲインズバラ、ゲイクルセダーという2頭の三冠馬を筆頭に、次々と名馬を送り出せるのか誰にもわからなかった。それが魔法使いと呼ばれた理由でもあるが、調教師を引退してからもずっと独身のまま質素で孤独な生活を続け、巨額の遺産を残して死ぬまで、調教の秘密について話すことはなかったという。

テイラー調教師によって、調教の仕事には俗人が立ち入ることのできない領域があることを多くの関係者が理解し、調教師の地位がぐんと高くなって、好成績の調教師はオーナーに対しても強い姿勢を取るようになった。

むろんテイラー調教師自身にはそんなつもりはなく、ただ、馬を勝たせるために没頭し続けただけだろうが、テイラーのような人が出ていなければ、現在のような調教師中心の競馬という存在はなかったかもしれない。実際に調教師の権限には、国によって大きな相違があり、アルゼンチンでは今も雇われの身だし、アメリカでも現在のカリフォルニアの名調教師たちが登場するまでは、ほとんど大きな注目を集めることがなかった。偉大な仕事こそ競馬を変えるものといえよう。

ウィッティンガム調教師。

## 176 ブリーダー・トレーナー〜テシオ調教師、ヘイズ調教師

「ドルメロの魔法使い」と呼ばれたイタリアのフェデリコ・テシオには著書もあるし、個々の馬についての詳細なノートも残されていて神秘的な面は薄いけれど、テシオの場合は調教師である以上に、生産者であり、オーナーでもあったので、調教をすることで馬の個性や能力を知り、それを生産に生かすことができたし、生産から調教までの一貫したプロセスが、ネアルコ、リボーといった名馬を送り出す最大の理由となったと考えられる。

テシオ以降は調教師が生産にも強い関心を抱くようになり、自分で生産をする調教師も出てきたが、テシオのように牧場を経営してまでの本格的なブリーダー・トレーナーは多くない。唯一テシオ以上の大規模なブリーダー・トレーナーは、サウスオーストラリアに巨大なリンゼイパーク牧場を開いたコリン・ヘイズ調教師で、ジャパンCのベタールースンアップは、子息のデヴィッド・ヘイズ調教師の代になってからリンゼイパークからやってきた馬だった。

リンゼイパークには競馬場に相当する広さの調教場が2つあり、調教コースの終わりは急な坂路になっている。ヘイズ調教師はサウスオーストラリアと、隣のヴィクトリア州で長くリーディング・トレーナーに君臨し、ヘイズ調教師を頼ってロバート・サングスター、マクツーム殿下などヨーロッパの大オーナーたちがオーストラリア競馬に参戦するようになった。やはり生産から調教までの一貫性は大きな力となるようだ。

コリンヘイズ、デビットヘイズ。

# 177 ハードトレーニングで成功したフランク・バタース調教師

優れた調教師に最も多いのがハードトレーニング派で、強い調教は馬を壊す危険性をはらんでいるものの、競走馬に優れた筋肉と心肺機能、そして忍耐力を育てると同時にシェイプアップもできるので、うまく成功すれば最も有効な方法といえる。

アガ・カーンⅢ殿下の調教師としてバーラム、ブレニム、マムードなど多くの名馬を送りだしたフランク・バタース調教師はウイーン生まれで、ドイツ式の厳しいトレーニングによって大成功した。むろん、強い調教によって故障する馬も続出したが、どのみち能力の低い馬は強い調教に耐えられないのが当然という考え方だった。

アガ・カーンⅢ殿下はそうしたバタース調教師の考え方に共感し、それまでの温和なリチャード・ドウスン調教師に無理難題を吹っかけて喧嘩別れした後、すべての馬をバタース調教師に委ねた。

とはいえ、そのような方法もアガ・カーンⅢ殿下のように有力馬を大量に持っているからとはいえるだろう。面白いことに代表馬バーラムは調教で全く動かない馬で、バタース調教師は常に手を焼いていたが、レースになると驚異的な能力を発揮し、バタース調教師自身、バーラムに関しては自分が何もできなかったと認めている。ハードトレーニングがいかなる馬にも有効というわけではないことを示すもので、結局のところ調教師に最も求められるものは、個々の馬がどのような性格で、どんな能力かを見極める力なのだろう。

アガ・カーンⅢとブレニム。

## 178 調教技術を完成させたマーレス調教師

プティトエトワール、ロイヤルパレスなどを調教したサー・C・F・N・マーレス調教師は、スコット調教師以来の革命的な調教理念を生み出した。

日本でもそうだが、過去にはほとんど実戦さながらの強い調教によって馬を仕上げていたのだが、マーレス調教師は常にフレッシュな状態でレースに出走させなければならないといって、ほとんど強い調教をせず、キャンターを中心にコンディションを整えていって、レースでぎりぎりの能力を発揮できる状態に持っていった。これは過去の調教に対する考え方によれば魔法のようなことで、本来ならベックハンプトンの魔法使いと呼ばれて当然ではあったが、ベックハンプトン厩舎は偉大なフレッド・ダーリング調教師から受け継いだものなので、そのように呼ばれることがなかったのだろう。

しかし、競馬関係者による評価は特に高く、引退後には女王陛下からサーの称号と地位を与えられている。今ではマーレスの考え方が極めて当たり前のものとなり、強い調教をする場合もゴール手前の1ハロン程度のみとなっていて、特にダート競馬中心のアメリカではマーレスの手法が幅広く普及した。アメリカで調教師が競馬の世界において大きな力を発揮するようになったのもそれ以降で、ダート競馬ではマーレスの手法によって、調教師の手腕が十分発揮できるようになったといえるのだろう。マーレスは調教の技術を完成させたともいえる。

マーレス卿。

## 179 出走レースを選択するコーチとしての役割

調教師は英語でトレーナーと呼ばれているが、実際の仕事は人間のスポーツ選手に対するコーチ、トレーナー、スカウトなどを兼ねたものとなる。

コーチとしては距離、コース、輸送、対戦相手、負担重量といった条件を、能力や適性に応じて選択しながら出走レースを選び、騎手を決定し、レース展開などの作戦を騎手に伝える。また、馬の状態や性格によってはブリンカー、シャドーロールなどの馬具を使うかどうかも考える。

出走レースの選択は調教師の最も重要な仕事で、南関東の場合は下級レースに出ている限り、さほど選択の余地もないが、上級馬になると距離などによる選択幅も大きく、JRAや他地区のレースも含めて、どのレースに使うかで成績が大きく違ってくる。

南関東競馬に比較的近いアメリカ競馬の場合は、クレーミング、オヴァーナイトハンデといったレースの種類を選ぶ必要があり、開催競馬場の数も多いけれど、基本的にはそうも違わない。

しかし、ヨーロッパ競馬ではコース形態も大きく違うし、上り坂の急な競馬場や、芝の深い競馬場といった違いが大きく、距離にもバラエティがあり、出走条件も細かく指定されている。しかもイギリス、フランス、ドイツなど、多くの国に転戦できるので、調教師は暇があればレーシングカレンダーを眺めていなければならず、優れた調教師ほどあちこちの競馬場に馬を送り込むという傾向も認められる。

競走馬を運ぶための馬運車。

## 180 馬のコンディションを管理するトレーナーとしての役割

調教師はトレーナーとして、人の運動選手のトレーナーとは比較にならないほどさまざまな役割を担っている。人の運動選手の場合はマッサージなどを除くと、ほとんど指示するだけで本人が自発的に行えるが、競走馬の場合は何もかも人が扶助しなければならない。実際の仕事そのものは、騎手や調教助手、装蹄師、厩務員などが分担することになるものの、曳き運動やキャンターをどれだけ、上がりをどの程度のスピードで、というように細かく決めるのは調教師の仕事で、それによって馬のコンディションが微妙に違ってくる。そうしたエクササイズだけでなく、食事のコントロール、日光浴、マルタンガールなどの調教馬具、装蹄など、馬にかかわる事柄のすべてについてコントロールしなければならない。こうしたことは世界のどの国の競馬でも変わらず、調教師が綿密な仕事をしようと思えば、馬のコンディションづくりだけでも、朝から深夜まで簡単に仕事で手がいっぱいになってしまう。

とはいえトレーナーとしての仕事としても、出走に向けたコンディションづくりだけではない。特に若い馬に関しては、筋肉を発達させるよう鍛練をしたり、ゲートに慣れさせたり、手前変えなどの馴致をしたり、個々の馬の性格や馬体、走りなどを観察し、競馬をさせる上での問題点を捜し出し、それを矯正したりというように、さまざまな長期計画的な仕事も多い。

## 181 コンディションづくりの難しさ

コンディションづくりの基本は馬体を絞ることではあるが、強い運動を課すと脚元にかかる衝撃が大きすぎて、ソエが出たり腱や骨を痛めたりする可能性があるし、弱い運動では十分な効果が出ないこともあり、食事でコントロールするとエネルギー蓄積が少ないために、疲労回復ができなくなる場合もある。それらを総合してバランス良く組み合わせることが必要で、個々の調教師はそれぞれに一応の目安を持っているものではあるが、馬によって個体差があって、普段から食べない馬なら食事を減らすことによるダメージが大きいし、脚部不安のある馬なら強い調教ができない。そうした点で個々の馬の個性や状態を的確に把握していないと大きな失敗を招くことになる。失敗はそのまま運動器障害とか、疾病に発展する可能性もあるので細心の注意が必要となる。

能力の高い馬なら強い運動も楽にこなすし、エネルギー代謝も活発なので食事を減らさなくても太らない。また、どこかに問題点があっても、それを他の方法でカヴァーすれば支障はない。しかし能力の低い馬はエクササイズでも疲労が大きく、少し無理をするとたちまちどこかが悪くなり、悪くなったところをカヴァーしようとすると別の負担がかかってしまう。それでさんざん苦労したあげく1勝もできず、オーナーから苦情を受けるだけというわけだから、調教師には能力の高い馬を捜し出すことが何よりも重要となる。

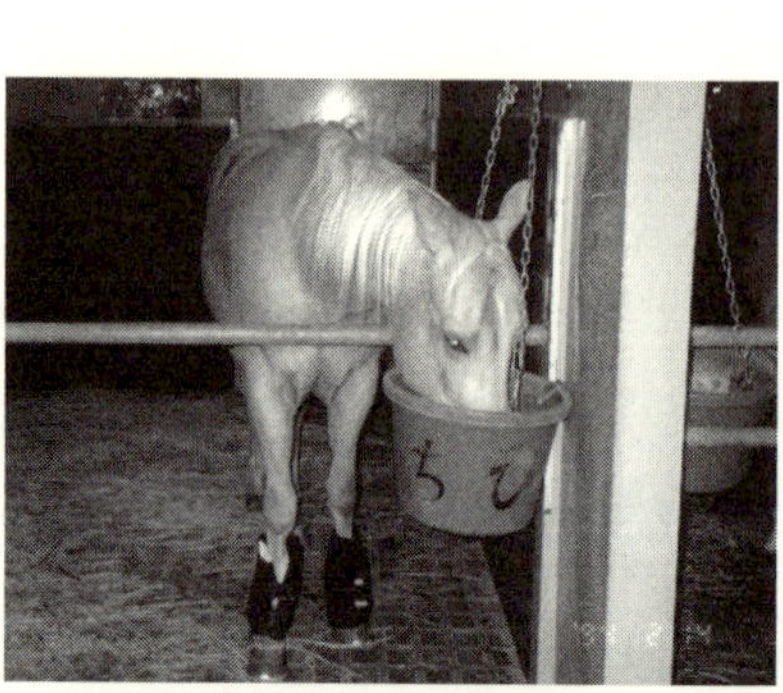

厩舎で飼葉を食べる競走馬。

## 182 素質を見抜き、自厩舎に導入するスカウトとしての役割

高い運動能力を持った馬は、並みの馬ならどこかに障害を発生させるような強い運動でも簡単にこなしてしまう。身体の新陳代謝が良いのでいくら食べてもエネルギーとして使い切るし、それを補給するためにまた良く食べる。食べた栄養が筋肉や骨になり、強いトレーニングを楽々とこなすので、身体もぐんぐん逞しくなっていく一方となる。

したがって、調教師にとって何よりも重要なのはスカウトの仕事で、能力の高い馬を集めればさほどの苦労もなく次々と調教馬が活躍してくれる。だが、調教師の仕事の中で最も難しいのもスカウトの仕事で、まず優れた素質をどれだけ見抜けるかという問題があり、次にそうした優れた能力の馬をいかに自分の厩舎に導入できるかという問題がある。

能力を見抜くには血統や馬体に関する知識や考え方が必要で、それも誰でもわかるような平凡なものではなく、独自の知識、独自の考え方でなければならない。誰もが良いと思うような馬は引く手あまたで、多くは大オーナーに購買されて、大オーナーの専属厩舎に入ってしまう。多くのオーナーや調教師が注目しないような馬で自分だけが見抜いた素質によって活躍すれば、それが調教としての最大の技能といえるだろう。

実際に過去の世界の競馬にはそのように調教師がすばらしい素質と考え、実際に名馬に育ったものが少なくないが、その逆がさらに多いことも否定できない。

# 183 調教師がオーナーを兼ねることも多い海外

調教師が優れた素質馬を導入する方法はさまざまで、最も調教師の能力を生かせるのは、自分で生産し、自分でオーナーとなることだろう。フェデリコ・テシオがそうだし、オーナーは別の人というケースが多いけれどコリン・ヘイズも自分で生産をしていた。

ただ、日本では調教師がオーナーを兼ねることが認められていないので、そうしたことは不可能といわねばならない。外国の競馬ではセリでも多くの馬が調教師に買われ、買った後にオーナーがみつかればそのオーナーの持ち馬とするが、オーナーがいなければ自分で持つというケースも多い。また、アメリカではクレーミング・レースでも優れた素質馬を見つけることができるので、多くの場合、自分で自分の調教馬を選ぶことによって成功し、大調教師として活躍するようになっている。

日本の場合は優れた素質馬を見つける以上に、優れたオーナー・ブリーダーか、金は出すけど口は出さないという都合の良いオーナーを見つけることがさらに重要となる。そのためにはオーナーの信用を得ることが何より重要で、実際に調教師としての実績をあげるか、あるいはうまくオーナーを説得して自分の選ぶ馬を購買してもらうための営業能力が必要となる。何とか自分の選んだ馬を購買してもらったとしても、その馬が活躍しなければ、たちまち信用を失って、次には馬を買ってくれないかもしれないので、調教師は常に崖っぷちに立たされている。

ロードダービー卿のスタンリー厩舎。

## 184 スカウトという仕事が欠落している日本

日本で調教師が自分で馬を持つことが認められていないのは、八百長を仕組み難くするためとされているが、海外の例を見てもオーナー・トレーナーであることによる不正はほとんどない。

むしろ日本のように調教師が自分で責任を取ることができない状態では、能力の低い馬も何とかして勝たせなければならず、そのために相撲の場合と同じような、勝ち星の貸し借りが多いのではないかという疑惑を招くことになる。また、走らない馬を持ったオーナーが代替え馬を要求したり、顔の広い調教師が他の厩舎にも馬を斡旋したりというような不透明な取引が多くなり、厩舎間の正しい競争が成り立たなくなるという面もあるようだ。

特に生産者とっては日本の調教師制度が馬の正しい取引を難しくしていて、調教師が自分のところへ入れたいといって購買の予約をしていても、オーナーが見つからずにキャンセルになったり、セリで調教師が良いと思っても、即座にオーナーがいない場合は買えないというケースも多い。

おそらく現在の調教師でも、オーナー・トレーナーが認められればもっと成績を上げることができると考えている人は多いだろうし、実際にそうなれば優れた素質を発揮する人もかなりいるのではないだろうか。日本の調教師制度では、スカウトという調教師の重要な仕事が欠落していて、代わりにオーナーに対する営業マンとしての仕事が加わっている。

## 185 貸付か個人か~世界各国で違う厩舎の形態

厩舎のあり方は世界各国それぞれに大きく違っている。日本ではＪＲＡが完全な主催者による貸付厩舎で、個人所有の厩舎は認められていない。地方競馬の場合も、かつて個人所有の厩舎から出走するものも少なくなかったけれど、今はほとんどすべてが貸付厩舎制度となっている。

日本に最も似ているのはアメリカで、ほとんどが貸付厩舎だが、わずかながら個人所有の厩舎も存在している。ヨーロッパやアルゼンチンでは逆に個人所有の厩舎が中心となっているけれど、貸付厩舎もかなりあって、特にドイツでは貸付厩舎を使っている大調教師も多い。オーストラリアでは州によって違っていて、アデレードではすべてが個人厩舎。ブリスベンではほぼ貸付厩舎。メルボルンもほとんどが貸付厩舎だが、シドニーには個人厩舎も多い。

貸付厩舎の場合も、個人所有の場合も、競馬場に付随するものとトレセンに集まっているものがあって、日本の場合はＪＲＡ、北海道、愛知、兵庫がトレセン。他は競馬場で、東京都は一部が小林牧場のトレセンに所属している。

アメリカ、カナダはほとんどが競馬場で、オーストラリアではブリスベン以外は競馬場。ヨーロッパの多くはトレセン中心で、競馬場所属もかなりある。トレセンといってもニューマーケット、シャンティ、ホッペガーテンなどには隣接して競馬場もあり、別に調教コースがあるという形になる。

大井競馬の小林分場。

## 186

# 牧場に厩舎があるアイルランド、ニュージーランド

厩舎で異色なのはアイルランドやニュージーランドの場合で、多くが牧場の一部となっており、セリで買ってきた馬や、他場の生産馬を早い時期（おおむねイヤリングで）に連れてきて、放牧から、馴致、初期調教、出走調教までを一貫して行っている。

日本でいえば育成場と厩舎を兼ねたような存在で、牧場だから敷地は広い。調教コースの施設は立派なものではないけれど、放牧地をそのまま使ったり、小さな周回コースでエクササイズを行っている。現在の日本で追い切り（昔は別の意味だった）といわれるような強い調教は、基本的にあまり行わないのだが、初出走の前など、必要な時には最寄りの競馬場に連れていって走らせている。

軽い疾病とか、疲労などでは短期間の放牧が容易だし、いつでも青草が食べられるし、調教師は早い時期からずっと継続して馬の状態を把握できるし、何よりも馬がリラックスできるのが良い。レースから戻ってくると広々とした放牧地で一休みできるのと、すぐにまた馬房で次のレースを待つのとでは大きな差があるだろう。経済的にも休養時期まで厩舎に収入があり、人件費も節約できる。

確かにトレセンに較べて施設は貧弱だし、時々は調教のために競馬場に輸送しなければならないという欠点もあるが、それを補う長所がずっと大きく、経済力の弱いアイルランドやニュージーランド調教馬の、強さの秘密の一つとなっているように思う。

# 187 競走馬のウエイトトレーニング方法

人の運動選手の場合はマシンを使ったウエイトトレーニングが最も大きな効果を上げており、野球やテニスのように技術を争う競技でも、技術的な練習とウエイトトレーニングの組合せが基本となっている。競馬の場合は人の水泳とか陸上競技のように、技術より体力を競うものなので、もしウエイトトレーニング的なエクササイズができれば大きな効果が出るに違いない。

ウエイトトレーニングは腕、脚、肩などの各部位に重量をかけて運動をさせることで、発達させなければならない部位のみに筋肉をつけていくものだが、馬の場合は寝たり、座ったりできるわけではなく、どこかを固定して、個々の部位を動かすというようなことは難しい。しかし、すべて全身トレーニングとして走らせていると、脚ばかりに強い負担がかかって、練習効果以上に骨や腱を痛めてしまう。何とか人のウエイトトレーニングに相当するような、安全で効果的なエクササイズができないものかと考えて行われるようになったのが、坂路とかプールとかトレッドミルによる運動で、坂路の場合は一度のキックによる負荷が大きいので、着地の衝撃に比較してトレーニング効果が大きくなる。プールは衝撃がほとんどないのだが、走りに必要な部位への負荷が少なく、トレーニング効果もさほど高くない。トレッドミルはベルト式の場合、衝撃が少ないけれど効果は高くなく、周回タイプの場合は強い運動には向かない。

脚に負担をかけない様々なトレーニング方法が研究されている。

## 188 現時点で有効な調教施設は坂路

ニューマーケットやシャンティの調教場は丘陵地になっているので、コース取りによって坂路調教ができるようになっているが、アメリカの調教師のほとんどは競馬場の平坦な周回コースだけで調教しており、それで世界最強の競馬国となっているのだから、調教施設というものが必ずしも必要というわけでもないようだ。オーストラリアで豊かな施設を持つリンゼイパークのヘイズ一族は確かに好成績を残しているが、競馬場の貸付厩舎で調教をしているT・J・スミス、ゲイ・ウォーターハウス父娘もやはりすばらしい成績を残している。

プールでの水泳トレーニングのように、一時期に大流行してもいつの間にか利用する調教師が少なくなったものもあり、ベルト式のトレッドミルも最近はぐんと利用する調教師が減っている。周回型のトレッドミルは人手を節約できるのでクールダウンなどに利用が多いけれど、トレーニング効果そのものはさほど期待できない。

したがって、トレーニング施設で本当に役立っているのは坂路ぐらいのもので、現実に日本でも主だった育成場のほとんどが坂路コースを使うようになっている。

今のところ坂路以外には特に有効な調教施設はなく、それが競馬場の貸付厩舎でも好成績を残している調教師が多い理由ではないかと思う。

果たして本当に有効な調教施設が将来、発明されることがあるのだろうか。

## 189 競走馬にもやってくる？　高地トレーニング時代

お金はかかるけれど、作れば間違いなく効果の出るトレーニング施設はある。それは高地トレーニングと同じように気圧を下げた気密室で、人の運動選手のための施設はすでに完成したそうだ。

むろん馬が走る空間を気密ドームとするのは無理だろうが、ここで一頃オーストラリアやアイルランドで流行したベルト式のトレッドミルが役立つことになる。ベルト式トレッドミルは場所を取らないので、ずらりと並べればちょっとした空間で相当な数の馬がトレーニングできるはずだ。

ベルト式トレッドミルは案外筋肉トレーニングに役立たないことがわかったけれど、高地トレーニングは心肺のトレーニングのためのもので、走るという動作を続ければ当然心臓の血流能力や、肺活量は大きくなるはずだ。当然スタミナは向上するだろうし、精神的にも直線での争いで踏んばりが効くようになるだろう。

純粋にスタミナの争いとなる長距離レースは減っているが、無酸素運動になるのは最初と最後だけで、いかなる距離のレースでも、心肺能力はかなり大きく影響する。また高地トレーニングでは酸素の供給量が少なくなるので、酸素からATPを再生する能力そのものも強化される可能性があり、もしそうなら無酸素運動能力に関してもトレーニング効果があるかもしれない。

おそらくいずれ馬の場合も、高地トレーニングの時代が来るのではないかと思っている。

## 190 早期実現が待たれる南関東4場共同のトレセン

かなり以前から、南関東4場で共同のトレセンをつくる計画があって、具体的なプランもできていたのだが、例えば賞金の低い競馬場には出走頭数がそろわないのではないかとか、地元の賞金を他の競馬場の馬に持っていかれるだけではないかとか、さまざまな利害関係によって容易に実現に向かっていない。南関東の競馬の人気を高めるには競走馬のレベルアップが何よりも重要で、一つには話題を呼ぶようなヒーロー、ヒロインの果たす役割が大きく、もう一つはレース全体のレベルアップによってファンの満足度が大きく違ってくる。

4場の入厩馬全体を対象にすると番組もぐんと充実できるし、レースも白熱したものとなるはずで、調教馬場、診療所、厩舎などの設備も良くなって、競走馬にも優れた環境が与えられる。調教師や騎手の競争も激しくなり、特にマスコミの取材がスムーズになるだけ、新聞やメディアに扱われる機会も多くなるだろう。

競馬場での調教がなくなれば、馬場管理などのメンテナンスも容易になり、それだけ優れた馬場でのレースができるようになるだろう。

そのように、トレセンができれば南関東競馬は大きく変わるはずで、何としても早期に実現してもらいたいものと思う。とはいえ、トレセンがなければ開催できないというような、差し迫った必要性のないものに関しては実現が難しいという現実もあるようだ。

第6章

# 馬産と競馬

- ●生産者からみた競馬
- ●世界の名馬産地
- ●バイオテクノロジーとサラブレッド生産
- ●競馬におけるオーナーとは
- ●楽しみや生きがいを与えてくれる競馬

## 191 競馬が「スポーツ・オブ・キング」と呼ばれる理由

競馬は軍用や産業用の優れた馬を育てるために、それぞれ国の政府の支援を受けて発展してきたので、そうした馬種改良の担い手としてブリーダーが大きな権限を握ってきた。競馬を主催するジョッキークラブのメンバーの大半も生産者で、著名なブリーダーの多くは王族、貴族たちでもあった。

現実に歴史的な名馬のほとんどもそうした王族、貴族によって生産されている。エクリップス、ヘロドは王子のカンバーランド公だし、サンシモンはハンガリーの王族バッチャーニ公、ハイペリオンは後の国防大臣のロード・ダービー、ナスルーラはイスラム教の一教派の教主（法王のような地位）のアガ・カーン公という具合で、ネアルコ、リボーの生産者フェデリコ・テシオも上院議員ではあったが、名馬の生産者としては、むしろ低い地位といえるほどだ。

階級制度のないアメリカの場合も、カーネギー、デュポン、メロンといった財閥の一族や、ベルモント家、ホイトネイ家といった政財界の著名な家系による馬産活動からマンノウォー、セクレタリアト、ケルソなど多くの名馬が誕生しており、競馬は「スポーツ・オブ・キング」と呼ばれたような、特権階級による名馬づくりの楽しみとして発展してきた。

馬券としてのギャンブルは、そうした競馬が賭けとして特に面白いので、派生的に育ってきたもので、もともとは競馬が馬産を中心に育ったものという歴史認識は重要だろう。

## 192 マーケット・ブリーディングへの移行

日本でも初期のサラブレッド生産は皇室による下総御料牧場や、三菱財閥の小岩井農場、胆振の広大な山林主だった吉田（社台）、栗林（ユートピア）とか、島根の大地主の和田（シンボリ）、日産財閥の下河辺といった名家によって始められており、競馬の「スポーツ・オブ・キング」としての側面は受け継がれている。

今もこれら一族によるサラブレッド生産は続いていて、特に社台グループは名馬の大きな占有率を誇る日本最大のブリーダーではあるが、戦後の農地改革によって、新たに日高を中心とした畜産農家が参入し、やがては一大勢力を形成するようになっていった。

畜産農家によるサラブレッド生産そのものは、イギリスにおけるサラブレッド競馬創設期からあったもので、バヤルド、ストックウェルといった名馬も農家の生産馬から出ている。特にアメリカやアイルランド、フランスなどでは日本と同じように畜産農家による馬産が盛んになり、マーケット・ブリーディングという考え方が育っていくようになる。

それに伴って貴族や富豪による馬産も、馬を売ることによる採算性を考えるようになり、一方で農家生産者にも、強い馬をつくることによって成功し、大牧場に育っていくものも出てきて、ブリーダーの概念は現在のような混然一体としたものとなった。

現在の世界のブリーダーには極めて多彩な立場の人々が含まれている。

社台ファームの風景。

# 193 生産者がリーダーシップをとる競馬の祭典・ブリーダーズC

サラブレッド生産がマーケット・ブリーダー中心となると、必然的に生産者の地位は低下し、馬を売るための過当競争が激しくなって、強い馬を育てるという生産者の目標も薄れてくる。

1982年に設立されたブリーダーズカップ社は、人気が落ち込んだアメリカ競馬に、競馬の祭典としての山場を設けるとともに、強い馬づくりの競馬を、生産者のリーダーシップによって取り戻そうという意図で発足した。ブリーダーが多様化しても、種牡馬の交配がキーとなって強く結びついている。種牡馬の持ち主が1回の種付け権利を供出すると巨額の資金が集まるし、すべての生産者の同意を得ることも難しくない。特にそれを提案したのが種牡馬のスーパーマーケットというほど多くの有力種牡馬を供用していたゲインズウエイ牧場のジョン・ゲインズなら、だれも反対することはできない。そのようにしてブリーダーズC社は設立され、多くのブリーダーズC重賞を設けるとともに、年に一度の競馬の祭典を開催するようになった。ブリーダーズCは大成功して、世界の名馬がこのシリーズを目標とするようになり、ダービーや凱旋門賞に代わる最大の競馬イヴェントとなった。

このブリーダーズCの日本版として設立されたのがJBCで、最大の目標はアメリカのブリーダーズCシリーズのような競馬の祭典を開催することだったが、2001年になってようやく実現にこぎつけた。

ジョン・ゲインズ。

## 194 転向を迫られる日本の生産者のあり方

海外のサラブレッド生産者と、日本のサラブレッド生産者の大きな違いは、海外では貴族や富豪による趣味的生産から、小農家によるマーケット・ブリーディングまで混然一体化しているのに対し、日本では混然としても、一体化していない点であろう。その理由は「現地に居住して農業を営む者以外は農地を保有できない」とする農地法にあり、これは不在地主を追放して農家が自立するために必要な法律でもあったのだが、長期的に制度化されると農業を固定化させ、農業と他の分野との経済や人材の交流を難しくさせるものでもあった。特にサラブレッド生産では、牝馬のオーナーがそのまま繁殖に供用することができず、仔分け生産という、日本独特の生産システムを生み出すことにもなった。

農家生産者はそうした歪んだシステムに依存するようになり、生産農協を通じての団結を強くしていくことで、競馬のシステムの中で孤立したものとなっていった。

それを打ち破ったのは国際化の波で、オーナーたちは日本で生産できないのならと、海外で生産するようになり、馬産界は結果的に不況に追い込まれるようになっていった。また、国際的な登録機関からは、日本におけるブリーダーの定義がサラブレッド生産のシステムに合わないとクレームがつき、是正しなければサラブレッドとしての国際的な登録が認められないという状況にまで追い込まれて、日本でも生産者のあり方を転向せざるを得なくなった。

# 195 牧場＝生産者という日本式の馬産の問題点

サラブレッドの多くが畜産農家の牧場で生まれているということでは世界のどこも違いはないのだが、普通は牧場が施設や人材をブリーダーに提供し、ブリーダーは預託料を払って施設や人材を利用しているだけで、牧場自身が生産している馬はほんのわずかでしかない。アメリカ最大のクレイボーン牧場とか、オーストラリア最大のアローフィールド牧場のような大手でも、毎年それらの牧場で生まれてくるサラブレッドの9割以上が預託馬で占められている。

こうしたシステムは犬、猫など、ブリーディング（血統による生産）家畜に共通するもので、ブリーディングというのはあくまでも繁殖の牝が中心となるもので、農場による大量生産の食用家畜とは根本的に違うものだ。むろん高価な繁殖牝馬を入手したり、種付け料を支払ったりというようなリスクは牧場の手に余るもので、日本の場合は肉牛やブロイラーの生産と同じようにサラブレッド生産をさせようとした農水省の行政が間違っていたというほかはない。

しかもバブル期には生まれた馬がすべて高値で売れるという活況を呈したため、牧場＝生産者という日本式の馬産が定着してしまい、バブルが終わると牧場の多くは深刻な事態に陥ってしまった。

国際登録機関による生産者概念の改善要請は牧場に不利とみられているが、それはあくまでも目先だけのことで、実際には生産構造を改め、日本の馬産を立ち直らせるための救世主だったと思う。

## 196 ブリーダーの定義の是正で期待できる波及効果

是正されたブリーダーの定義では、産駒が生誕した時に繁殖牝馬を所有していた者が生産者となるが、これによって、サラブレッドが大量生産家畜ではなく、ブリーディングによって生まれる存在となった。おそらくオーナーの多くはブリーディングに参加することになるだろうし、そのために優れた繁殖牝馬を求めるようにもなるだろう。実際に最近のアメリカのセリで買われる高馬のほとんどが牝馬になった。

そうしたオーナーたちが集めた牝馬は生産農家に預託され、生産農家も大きく潤うことになるだろう。経済効果として考えても、オーナーからの資金が大量に馬産地に流入するはずだ。当然ながら種牡馬事業も活発化するだろうし、売るための馬産だけでなく、趣味的な馬産として内国産種牡馬や異色血統の種牡馬にも人気が集まることだろう。ブリーディングが可能となれば、新たにオーナー活動を始める人も出てくると考えられるので、競馬そのものもかなり変わってくる可能性がある。

日本の競馬の賞金は世界一高いけれど、これまでは生産者概念の歪みによって、そうした高賞金に相応しい馬産規模にならなかった。日本の競馬の高賞金に見合った額が生産活動に流入すれば、アメリカ馬産に匹敵する規模となっておかしくはなく、おそらく数年後にはそうなるだろうと思う。

生産者の定義を変えるだけで、その波及効果には想像を絶するものがある。

# 197 牝系を育てていくという考え方

サラブレッド生産で基本となるのは、どの牝馬にどの種牡馬を種付けするかというメーティング（配合）であるが、あらかじめ繁殖牝馬を持っていて、交配する種牡馬を選ぶという単純なものだけでなく、種牡馬の種付け権利を持っているか、あるいは種牡馬を決めておいて、その種牡馬に合う牝馬を捜すというケースもあるし、代々計画的に良い影響を伝える血脈を導入していって、牝系を育てながら生産馬をレベルアップしていくという考え方もある。

牝系を育てていくという考え方には時間も資金も要するが、確実性は高く、実際にフェデリコ・テシオ、マルセル・ブサック、ロード・ダービーといった世界の競馬史における著名な生産者は、すべて自分で育ててきた牝系から次々と名馬を送り出している。

ロード・ダービーのハイペリオンであるとか、テシオのネアルコであるとか、ブサックのトウルビヨンといった名馬は、後の世界血統に大きな影響を残し、それによってこれらの名馬の生産者たちは多くのホースメンから尊敬され、競馬史における重要人物となった。

調教師、騎手、オーナーの中にも大きな尊敬を集めた人は多いけれど、名馬を創造するという生産者の偉業にかなうものはない。世界で多くの生産者たちが、優れた馬を送りだそうとさまざまな努力を重ねているが、後のサラブレッドを大きく変えるような名馬を生産した人はほんのわずかな天才たちだけだった。

ハイペリオン（父ゲーンズバラ、母セレーネ、英国産、1930～1960、13戦9勝）。

# 198 生産馬の売買を基本にする手法

大規模な生産者は自分の牧場を持ち、自分の生産馬を育成して、みずからオーナーとしてレースに出走させるのが普通だが、最近は生産馬の大半を売りに出し、オーナーとしてはセリで馬を購買するようなケースも多くなった。

日本でも社台グループの吉田兄弟やビッグレッドファームの岡田繁幸がそのように売ったり、買ったりしているが、オーストラリアではほとんどの大牧場の生産馬が売りに出されている。

もともと強い馬をつくろうと考えて生産しているはずだし、オーナーとしても強い馬を捜し求めるはずだから、矛盾しているようにも思えるが、生産馬を売るという段階までは比較的リスクが少なく、収支見通しを立てやすいので、長く生産活動を続けるためには必要なことではある。また、オーナーとしては世界中から気に入った馬を選ぶことができて、そうした馬が種牡馬や繁殖牝馬となった時に、ストックには新しい血統を導入することができる。

もし、年月をかけて牝系を育てていくというドイツ式馬産を目指すのでなければ、生産者はできるだけ多くの機会に生産馬や競走馬を売買する方が効率が良いだろう。もし、売った生産馬が大活躍しても、生産者としての成功を得ることができるし、買った馬が大活躍しても、オーナーとして成功することになり、売った馬と買った馬の両方で競馬に参加できることになる。いかにも現代的といえるのではないだろうか。

## 199 競馬の楽しみを広げる共同馬主と馬主馬産

日本でもオーナーによる生産が認められるようになったので、最初に競走馬を持つ時に牝馬を選べば長く楽しめると思う。もともと牝馬は牡馬よりも価格が安く、比較的安価で良血馬を買うことができる。活躍しなければ売却して、活躍した場合は繁殖牝馬としてどこかの牧場に預託し、種牡馬を選んで、無事に出産すれば自己生産の競走馬を得ることができる。

おそらく今後は日本でも、こうした小規模のオーナー・ブリーダーが増えていくはずで、それによって牧場には預託料が堅実に入り、生産界も安定していくことになる。種牡馬の選択もシビアになって、高値の優良種牡馬に人気が集中することにもなるだろう。オーナー活動も長く続ける人が多くなり、同じ牝馬の仔だけでは面白味がなくなるので、生産馬を売る機会も、そうして売却した馬の代わりに購買する馬も増えることになり、市場も活性化するものと思う。

競馬の楽しみは「観戦→馬券→オーナー→馬産」と発展していくもので、過去の日本の競馬ではそれらが遊離して、個々の分野の利害関係にとらわれてきたように思われる。共同馬主によって馬券→オーナーへの発展が容易となり、馬主馬産が可能となることで、オーナー→馬産への発展も可能となった。これによって、日本競馬も世界の競馬と同じようなダイナミズムを獲得することができたといえよう。今後はいかにそうしたダイナミズムに多くのファンを巻き込めるかが課題となる。

## 200 馬産に適した土壌とは？

世界のサラブレッド牧場のほとんどは泥炭地、石灰土壌、火山灰地といった草しか生えない不毛地にあるが、日本だけが米作も可能な日高の沖積地にある。日本でも最初は岩手山麓の小岩井農場とか樽前山の麓の社台牧場など、ほとんどが火山灰地にあったけれど、日高の場合は平野面積が狭く、寒冷地でもあったので広い放牧地を取ることができたのだろう。

イギリス、フランス、ケンタッキーの馬産地が石灰地帯にあるので、石灰土壌が馬産に好適といわれているが、確かに泥炭地や火山灰地に較べれば良いとはいえるだろう。しかし、石灰は人工的に添付するのが容易で、必ずしも石灰土壌が馬産に最適というわけではない。要するに穀物などの収穫可能な土地は農地にして、放牧地以外に使いようのない土地で馬産が行われたというだけだが、草しか生えない不毛の土地の方が、雑草が少ないし、牧草も大きく育たず、馬の食性に合ったものとなる。地価が安く、大きな木が育たないので開墾も容易だ。

とはいえ、日高の河川敷における馬産は日本の生産者のすばらしい知恵でもあった。日高山脈は日本で最も奥深い山系を持ち、そこから流れ出した川は多彩で豊富なミネラルを麓に運んでくる。実際に日本の競馬では日高の河川敷の牧場から最も多くの名馬が生まれており、小さな面積の放牧地でも、仔馬が逞しく成長していくだけの養分を供給している。

# 201 馬産地の盛衰は優秀な種牡馬の導入いかん

マクロ的にみれば、サラブレッドの生産はどれだけ優秀な種牡馬を導入できるかにかかっているといえよう。

アメリカ競馬はナスルーラの輸入以降、ボールドルーラー、ナシュア、ネヴァーベンド、フリートナスルーラなどを通じて世界の馬産をリードするようになっていったし、カナダはニアークティックによって一流馬産国にのしあがった。サンデーサイレンスもまた日本の馬産を世界レベルに引き上げており、種牡馬レベルの落ちたイタリアやフランスはぐんぐん馬産のレベルも低下させている。

国内でも日高にヒンドスタンやソロナウエーといった名種牡馬が繋養されることで日本の馬産の中心地となり、それとともに青森の馬産の衰退が始まっている。

アメリカではケンタッキーに有力種牡馬が集結することで、ケンタッキー馬産の占有率がぐんぐん高くなり、オーストラリアでのハンターバレーも同じように優れた種牡馬を集めることで、ほとんどの有力馬を生産するようになった。優れた種牡馬をできるだけ多く集めた方が、多くの繁殖牝馬を呼ぶことができるし、優れた産駒を多く送り出すほど、その地区の市場も活性化する。

最近ではヨーロッパのブリーダーたちも、優れた牝馬はとりあえずケンタッキーに送り込み、ケンタッキーに数多い名種牡馬の中から毎年の交配種牡馬を選ぶのが普通になっており、ケンタッキーの占有率は高くなる一方だ。

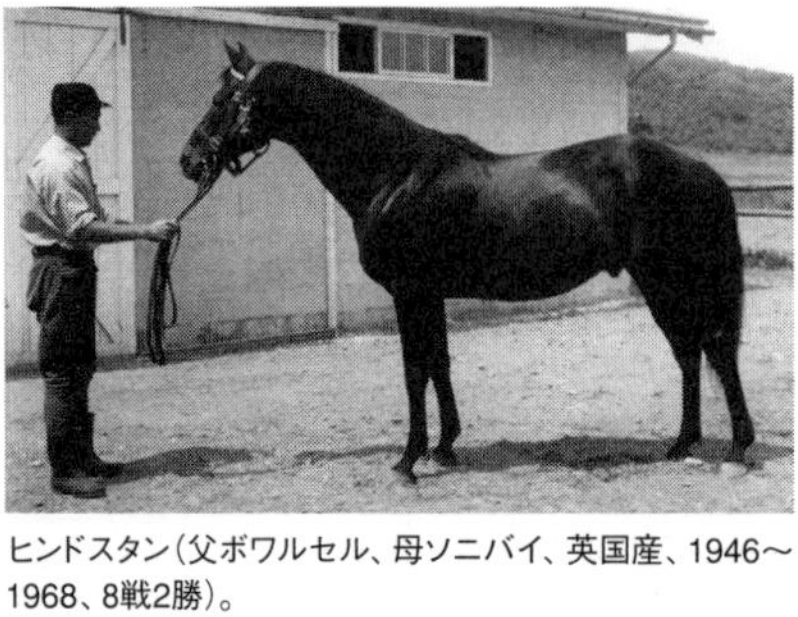

ヒンドスタン（父ボワルセル、母ソニバイ、英国産、1946〜1968、8戦2勝）。

ソロナウエー（父ソルフェリノ、母エニーウェイ、アイルランド産、1946〜1970、9戦6勝）。

## 202 馬産競争の様相を一変させたシャトル供用

種牡馬の導入については、2世紀もの間さほど大きな変化はなく、あえていえば戦前までの個人所有中心から、シンジケート（株式による共同所有）に移った程度だった。しかし、最近になって競馬史の始まり以来というべき大きな変化に直面している。

北半球と南半球の春シーズンに2度種牡馬を供用をするシャトル方式は、ロバート・サングスターがゴズウォークなど一部の種牡馬をオーストラリアのリンゼイパーク牧場に送り込んだのが最初だったが、この時期にはあまり成功せず、やはり種牡馬は酷使すべきものではないという考え方に落ち着きそうに思われた。だが、ほぼシャトル供用が廃れそうになった時、ラストタイクーンがオーストラリアでもリーディングサイヤーとなり、優れた種牡馬ならシャトル供用によって両半球での成功が可能とわかった。

続くデインヒルの成功と、アメリカでのオーストラリアからのシャトル供用種牡馬産駒シガーの活躍が、シャトル供用を一気にポピュラーなものにし、今では有力種牡馬が南北半球を移動するのが当たり前となっている。

南北半球で供用されるとなると、個人所有でなければ契約条件の決定などの面で不利なので、シンジケーションが廃れていき、個人所有が多くなると、北半球での供用も単年度のリースが増加した。つまり種牡馬は世界のあちこちを転々としながら供用されることになり、種牡馬争奪による馬産競争は全く様相を変えてしまった。

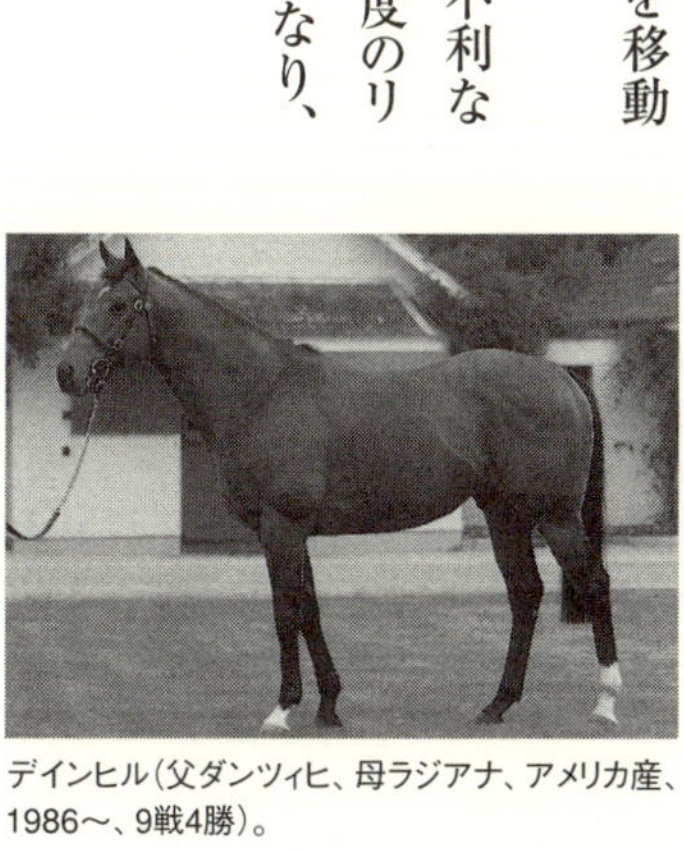

デインヒル（父ダンツィヒ、母ラジアナ、アメリカ産、1986～、9戦4勝）。

ラストタイクーン（父トライマイベスト、母ミルプリンセス、アイルランド産、1983～、12戦8勝）。

# 203 サラブレッド生産の中心地・ケンタッキー今昔

ケンタッキーというとサラブレッド生産地として誰にでも知られているが、牧場地帯の端から端まで車で走っても日高ほどの距離はなく、全体としてはこじんまりまとまっている感じだ。初めて中心都市レキシントンを訪れた時には、街の酒場や商店でサラブレッド牧場について聞いても誰も知らず、街には競馬に関するものは何もなかった。

最近はホースパークができて、レキシントンの街中にもサラブレッド公園があり、キーンランド競馬場にはすてきなサラブレッド・グッズの店ができたので、それなりにサラブレッドの街らしくなったが、以前は世界最大のサラブレッド生産地でも、競馬というものがマイナーな存在なのだなと、とても残念に思ったものだ。

当時はほとんどの種馬場にも貧弱な厩舎しかなく、クレイボーン牧場でニジンスキーが掘っ立て小屋のようなところに住んでいたのには驚いた。ヨーロッパの牧場はそのころからすばらしい施設を持っていたので、初期にはアメリカ馬産の印象が良くなかったのもやむを得ないだろう。

最初に立派な厩舎を建て、牧場全体の美観に配慮したのはゲインズウエイ牧場だったと思う。その施設のすばらしさによって、多くの名種牡馬がゲインズウエイに集まり、さながら種牡馬の百貨店という感じになったが、やがてスリーチムニー牧場など、次々と美しい牧場が建設されて、現在のようなすばらしい馬産地となった。

ゲインズウエイ牧場の風景。

## 204 ケンタッキー馬産の開拓者・クレイボーン牧場

ケンタッキーは石灰地帯なので自然には大木が育たず、長い時間をかけて人の手で樹木を成長させていかなければならない。したがって歴史のある牧場ほど大きな木があり、さすがにケンタッキー馬産の開拓者というべきクレイボーン牧場には巨木といえるものがそびえている。クレイボーン牧場はマーケット・ブリーダーとして大成功し、大富豪のオーナー・ブリーディング牧場に対抗できる規模を持った最初の牧場で、特にナスルーラの輸入と、その仔ボールドルーラーの成功によって、世界で最も知られたサラブレッド生産者となった。

牧場を創設したアーサー・ハンコックや同名の子息は名門大学の出身で、優れたインテリジェンスによって多くの大オーナーたちの信頼を獲得し、名種牡馬を次々と集めるとともに、大オーナーたちの繁殖牝馬を預かり、それによってクレイボーンをアメリカにおけるサラブレッド生産の中心地に育て上げた。

ケンタッキーが世界の馬産の中心地となったのも、クレイボーンに多くの大種牡馬がいたおかげといってよいほどで、ケンタッキーに行けば優れた種牡馬の仔が買えるので多くのバイヤーが集まり、セリ市場も大きく発展した。

日本では吉田善哉さんの社台ファームが同じようにマーケットブリーダーとして大成功したが、やはりノーザンテースト、リアルシャダイ、トニービン、サンデーサイレンスといった種牡馬の成功に拠るものが大きい。

クレイボーン牧場。

# 205 歴史的名馬スワップスはカリフォルニアの砂漠育ち

かつてアメリカでは、カリフォルニアがケンタッキーに次ぐ馬産地として知られていた。ケンタッキーは不毛な石灰土壌で、竜巻や豪雨に悩まされる悪条件の土地であるが、カリフォルニアは大半が砂漠地帯で、不毛さにおいてケンタッキーの比でない。

むろんカリフォルニアの牧場のすべてが砂漠にあったというわけでもないけれど、名馬スワップスが生まれたエルズウォース牧場は本当の砂漠だった。鉄条網に囲まれた茶色い土だけの放牧地で、干し草とペレット(合成食品)によってアメリカの歴史的名馬スワップスが育てられている。

これは世界の生産者にとってショッキングなことだった。考えてみれば人間でも加工食品で優れた運動選手が育っているのだから、育草がなくても名馬が育っておかしくはない。そう考えて同じことを試みた人もかなりいたけれど、誰も成功しなかった。

エルズウォースは若いころから僻地で馬に乗っていたので、自分で獣医から装蹄、馴致まで行うというエキスパートで、馬の状態を見れば何が不足しているか、すぐに察知することができた。そんなエルズウォースだから、砂漠でも名馬を生産することができたのだろう。

現在はカリフォルニアの馬産が廃れてしまったけれど、温暖な気候を利用しての育成が盛んで、特にケンタッキーなどで1歳時に購買した馬を、競走馬まで育ててから売る調教セールが有名だ。

スワップス(1955年ケンタッキーダービー)。

## 206 育成・調教中心の馬産で定評のあるフロリダ

現在のアメリカでケンタッキーに次ぐ馬産地はフロリダで、そうも有名種牡馬がいるわけでもないし、良血の繁殖牝馬も多くないのだが、その割には活躍馬が多く出ている。ナチュラルグラス（自然牧草）による起伏のある放牧地で、ケンタッキーとはかなり違った馬産が行われてきたので、ケンタッキーとは違った能力を引き出せたのだろう。

種牡馬もレイズアネーティヴやミスタープロスペクターのように、さほどの競走成績でないものから大物を送り出し、名種牡馬の発掘地となっていたが、これらはいずれも成功してからケンタッキーに移っている。

フロリダはもともと温暖な土地なので、かなり昔から競走馬の育成が行われていた。あるいは育成という考え方そのものがフロリダで始まったのかもしれない。特にニューヨークを中心とした東部の競走馬たちの多くはここで冬を過ごし、フロリダでの冬期競馬を使いながらニューヨークでの春競馬に向かう。

そんな環境から、主に育成を行っている牧場が馬産も手がけているというケースも少なくなく、小規模生産者でも質の高い馬産ができるという面もあったかもしれない。ヨーロッパにおけるアイルランドのような存在で、血統面での素質以上に育成、調教を中心とした馬産の良さが生かされているように思う。フロリダでは2月から2歳競馬が行われ、競馬を通じて取引されるものも多い。

フロリダの育成。

# 207 アルゼンチンでの馬産の中心地は都市近郊

アルゼンチンではかつて、マルデルラプラタという海岸の泥炭地がサラブレッド生産の中心地だった。今もオホデアグア牧場など、多くの有名牧場がこの地区にあるのだが、ラクェブラーダ牧場などの新しい生産者の多くはブエノスアイレスから遠くないラプラタ河の沖積地につくられ、成績面でも伝統的な生産地マルデルラプラタを凌駕するまでになった。

むろん沖積地の方が放牧地の土壌として優れているし、何よりも都心から近いのが馬産環境としては有利なようだ。多くのオーナーや調教師が訪れるので、馬を売る上で有利というのみならず、さまざまな情報を入手しやすく、優れた種牡馬や繁殖牝馬を集めることができる。

かつては農作物によって世界一の富裕国となったアルゼンチンだけに、沖積土壌の一等地は作物生産に向けられていたが、農作物の輸出が大きく落ち込んだ現在では、むしろサラブレッドを生産した方が有利となる。

サラブレッド生産には、そのように他の農業による影響を受けやすい面もあるようで、日本の北海道でも、他の農作物のほとんどが不振にあえぐ中、サラブレッド生産だけがそうも落ち込むことなく、高収益を保っているが、これには北海道だけに広い農地の所有が認められた農地法に依存する部分が多い。もし農地法が変われば日本でも都市近郊にサラブレッド生産が移ってしまう可能性もあるように思う。

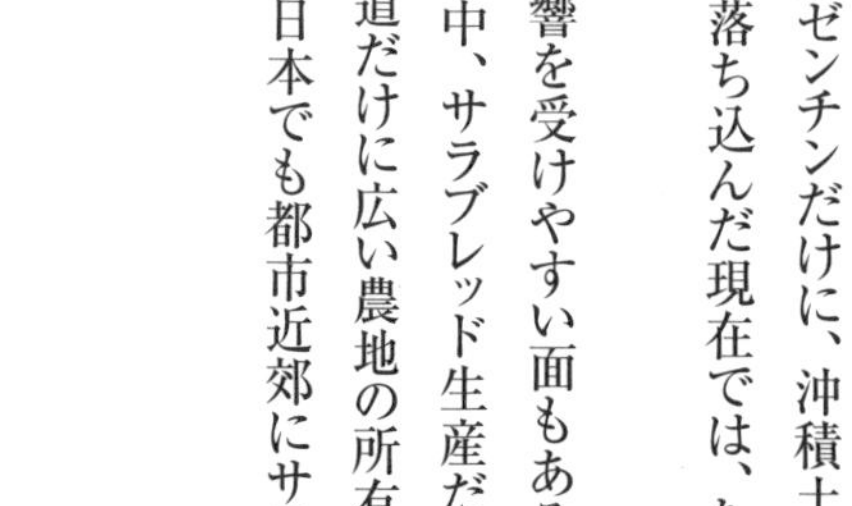

ラクエブラーダ牧場。

## 208 世界競馬を支配する産業としての馬産

馬産というものは牝馬に種牡馬を交配させて、牝馬と産駒を放牧するだけという単純なもので、この点に関しては長いサラブレッド生産の歴史と、広い世界のどこでも大きく変わるものではない。

それでも馬産を行う側の生産者、サラブレッド生産をとりまく環境、生産者の社会状況、経済状況などは驚くほど大きく変化しており、世界の馬産地の勢力図も大きく変わっている。

日本の社台グループのような大規模な生産者は他の国にはなく、過去のサラブレッド生産にもなかったものだ。近年のオーストラリアではシャトル供用によって、多くの種牡馬を試すことができるようになった。

アラブの王族やロバート・サングスターは日本以外のほとんどの主要競馬国で馬産活動を行うようになり、世界のどこの国でも外国産馬が大量に活躍するようになった。

個別にみれば競馬において馬産の占める役割が小さくなったともいえるが、世界的にみれば、むしろ競馬が馬産活動に支配されるようになったともいえる。マルセル・ブサックやアガ・カーン殿下といった偉大な馬産家の時代は終わっても、システムとして、あるいは産業構造としての馬産は世界競馬を動かしている。

日本の社台グループ、ドバイのモハメド殿下、サングスターなどの成功は、そうした時代にマッチしたシステムを築き上げてきたからといえるように思う。

ロバートサングスターとアブドラ皇太子。

## 209 オーストラリア馬産界の栄枯盛衰

オーストラリアにおける馬産は各州それぞれに発展してきて、前世紀の中頃までは州単位の競争が熾烈を極めていた。各州それぞれにセリ会社を持ち、各州それぞれに一流種牡馬の導入争いを展開し、どの州の種牡馬がリーディングサイヤーとなるかにそれぞれの州の盛衰がかかっていた。

例えばショウタウンはヴィクトリア州の種牡馬で、ビスカイはニューサウスウエールズの種牡馬というように競いあっていたものだった。

サウスオーストラリア州は比較的安い種付け料の種牡馬から多くの活躍馬を出していたり、大オーナーの多いウエストオーストラリアは、時々とんでもない大物が出ることで知られていた。そうした均衡が崩れたのは、オーストラリアで最も成功したスターキングダム系の種牡馬たちが、ほとんどニューサウスウエールズで種牡馬供用されるようになってからで、やがてアローフィールド、クールモアといった巨大牧場がハンターバレー近郊に誕生すると、完全にオーストラリアの馬産地といえばハンターバレーといわれるようになってしまった。

ニューサウスウエールズ以外の州の生産牧場は多くが転業し、セリ市場もほとんどニューサウスウエールズのイングリスが独占するようになっている。馬産界の栄枯衰退の激しさはいずこも同じではあるが、オーストラリアでの大きな変化は、その最も典型的なものと思う。

## 210 株式会社による牧場経営は無理？

大牧場のほとんどは個人経営か公的機関の経営だが、これを株式会社としてやってみようと考えたのがスペンドスリフト牧場のレスリー・コムだった。確かに資金調達は容易となるけれど、単年度決算で黒字を出さねばならず、牧場経営は3、4年後に結果の出ることがほとんどなので、最終的には吉田善哉さんなどの株主から詐欺罪で訴訟を受けるという悲惨な結果に終わった。

しかし、株式会社としても、それなりに経営の方法はあるはずで、実際に3、4年後にしか結果の出ないような業種は決して少なくない。レスリー・コムの子息、ブラウエル・コムもそう考えたようで、オーストラリアに再度、ブランドフォード牧場という巨大な株式会社牧場を設立した。私自身この牧場の株主にもなったが、やはり最終方針が株主総会によって決定されるため、少し経営状態が悪化すると、資産を切り売りしても配当を出さねばならず、牧場をマクツーム殿下に売却して自然消滅してしまった。

本当に株式会社としての牧場経営は不可能なのかどうかはわからないが、最近では一部の部門を株式会社にしているところや、株の大半を経営者が持っての形式的な株式会社はあっても、いわゆるパブリック・カンパニーとしての株式会社牧場は計画されることがない。やはり牧場経営というものは個人経営でなければ成功するのが難しいということなのかもしれないと思う。

スペンドスリフト牧場。

## 211 世界で最も美しい牧場——ドイツ・レットゲン牧場

世界で最も美しい牧場はというと、文句なくドイツのレットゲン牧場だろう。最近になって牧場を二分してしまうアウトバーンが作られたが今も美しさは変わっていない。ドイツへ行くと下手な城巡りよりもずっと強い感動を与えてくれる場所だと思う。

ケルンの市街地にあり、周囲は高級住宅地として知られているので、いつかは売却されてしまうのかも知れないが、何とか文化財として保存してもらいたいものだ。

牧場全体が巨大な森林で、以前は宮殿のような邸宅があって、塔の上にはからくり時計が設置され、1時間おきに馬が競走していた。

森の中のあちこちに厩舎や種馬場や放牧地が配置されているが、個々の放牧地がすべて森に囲まれているので、馬は自然の中の草原にいるかのようだ。お産厩舎は円形に馬房が配置されていて、中央部は出産前の牝馬の曳き運動ができる。お産馬房の出口からは離乳の子馬が別の放牧地に向かえるようになっていて、美観だけでなく、機能的にもさまざまな工夫が施されている。

競走馬の厩舎も牧場内にあり、私設の調教コースは東京競馬場位の広さを有し、全く何もかもが贅沢にできている。

おそらく管理のための人件費だけでも大変なものと思われるので今の税制ではいつまでも続けるのは難しいだろう。やはりヨーロッパ競馬全盛期の遺産という以外にないように思う。

ドイツ レッドゲン牧場。

## 212

# 飛行場もあるオーストラリアの牧場

オーストラリアの馬産地ハンターバレーは、アメリカのケンタッキーのように多くの牧場が集まっているわけではなく、著名なウイデン牧場とか、クールモア牧場は中心地スコーンから車で1、2時間かかる遠隔地にある。そのために牧場を訪れる人は飛行機を利用することが多く、これらの牧場には飛行場も設けられている。

クールモア牧場の飛行場は舗装されているし、高原なので着陸も容易なのだが、ウイデン牧場空港の滑走路は草地で谷底にあるため、パイロットも相当慎重に旋回しながら尾根をかすめて降りていく。

エリシオ、アナバアなどが繋養されているウイデン牧場は、世界一風景の美しい牧場で、もう少しシドニーに近ければ観光地として人気を集めていただろう。創設以来、一つの家系によって経営されている大牧場という点ではアメリカのクレイボーン牧場のような存在だが、大きな谷の半分ぐらいを占めていて、牧場内には空港の他に専用の教会や小学校もある。

オーストラリアの放牧地はほとんどナチュラルグラスで、ヨーロッパやアメリカのように栽培されたものではなく、完全に自然のままの草を利用している。それも密生したものではなくて、乾燥期になるとほとんど枯れ野のようにしか見えない。それがむしろ栄養価が高く、馬にとっては最良の飼料となっているようだ。オーストラリアで頑丈な馬が育つ所以なのだろう。

# 213 日本最大の生産牧場・社台グループ

日本では社台グループが最大の生産牧場で、吉田善哉さんのあとを継いだ3人の子息によって経営されている。

長男の照哉さんの社台ファームはそれ自体が日本最大の牧場で、次男の勝己さんのノーザンファームがそれに次ぐ存在となっている。三男の晴哉さんが経営する追分ファームは新しく開かれた牧場で、3世代目に早々とゴールドアリュールを出した。有力な繁殖牝馬を集め、社台グループの種牡馬を使えるので、いずれは2人の兄たちに次ぐ存在となるだろう。

種牡馬を扱う社台スタリオン、競走馬を扱う社台レースホース、育成牧場の山元トレセンなどは共同経営で、相互に競いながら協力すべきものは協力するという独特の組織形態によって運営されている。世界的にもこうした牧場経営のあり方は類例のないもので、それが今のところ大成功しているのだから、大手牧場の間での合併とか、協力関係には模範となるのではないかと思う。

確かに種牡馬とか、育成とかは大規模の方が良いし、生産はさほど大きくない方が良い。一方でリスクを分散させ、他方では大きな冒険ができるのが馬産には有利といえるだろう。

日高の馬産地でも、アロースタッドとブリーダーズ・ユニオンとJSとか、日高スタリオンとターファイトクラブと荻伏ブリーディングのような、グループ企業と傘下牧場という経営形態が強くなってきている。

社台グループ総帥の故吉田善哉氏。

## 214 社台ファームとノーザンファームの牧場経営

日本最大の社台ファームとノーザンファームは、同じ吉田善哉さんの遺産としてスタートしながら、現在の牧場形態は全く正反対といえるほど違っている。

社台ファームはまとまった広大な土地を持っているが、ノーザンファームは本場の他に、空港牧場、遠浅牧場、ホースパークなどに分かれていて、それぞれの土地に合った事業を展開している。さらに大きく違っているのは、社台ファームが吉田照哉さんのワンマン経営なのに対して、ノーザンファームは多数の優れた幹部スタッフが、それぞれに分野を任されて運営されている点だろう。

普通はサラブレッド生産がワンマン経営でなければ難しいと考えられていて、実際に歴史上の有名牧場のほとんどが、経営者か場長が全責任を担って、思い切った冒険をすることで成功している。

その意味でノーザンファームのような形態での成功はむしろ珍しく、本当に優れたスタッフが集まり、経営者に優れた管理能力があれば、船頭が多くても、船は山に登らないということを実証したものといえよう。

サラブレッド生産が成功するかどうかは主として人材にかかっている。優れた知識、発想、技術、熱意、センス、直観力、観察力、判断力、想像力、大胆さ、細心さなど多くの能力を必要とするが、いえることは、そのような多くの面で優れた人材がいないのに成功した生産牧場はほとんど存在しないということだろう。

ノーザンファームの風景。

## 215 ほとんどの国で禁止されている人工授精

サラブレッド生産が将来どのようになっていくかという予測はかなり難しい。特にバイオテクノロジーがどの程度まで認められていくか、どの程度の速度で普及していくかによって大きく変わるものと考えられる。

まず人工授精が認められるかどうか。次に胎外授精が認められるかどうか。さらに欠陥遺伝子に対する操作が認められるかどうか。最終的にはＤＮＡの操作が自由になって、人工胎盤で育てられれば、完全にバイオ・サラブレッドが誕生することになる。

人工授精に関してはすでにヨーロッパで実現に向けた動きもあって、ロシアではすでに生産も始まっている。馬以外の家畜ではいとも普通に行われていることだし、馬でも競走馬以外では認められていて、乗用馬などは人工授精で生まれたものも珍しくない。

人工授精という手法そのものは精子と卵子を結びつける手助けをするだけのことだから、そうも不自然なことではなく、人ですらある程度行われていることなので、いつまでも禁止し続けるのは難しいかもしれない。ただ、サラブレッドの場合は経済的な影響が大きすぎて、今のところほとんどの国で禁止されているし、血統登録のオーソリティも競走馬としての登録を認めていない。交配される種牡馬が限定されるので、特定の血脈の占有率が極端に高くなっていくことになり、サラブレッドの能力の発展性という点でも大きな問題があるといえよう。

# 216 人工受精のメリット・デメリット

人工授精が可能となれば、一度の種付けにさほど多くの精子を必要としなくなるので、いまは亡きサンデーサイレンスのような優れた種牡馬の産駒は何千頭でも生産できるようになる。頭数だけでなく、世界中どこへでも持ち込めるので、同時に世界各国でサンデーサイレンス産駒がうぶ声をあげることにもなっただろう。さらに精子は冷凍保存できるので、サンデーサイレンスの死後の現在も産駒を生産できることになるし、サンデーサイレンスの孫にサンデーサイレンスが交配されるというようなことも珍しくなくなる。

馬産経済に関しては、それぞれに損得上の異変が起こるけれど、現実に安く良血馬が生産できるわけで、大局的にみれば決して悪いことではないように思う。また、血統が片寄ったものになるという面も、少なくともいくつかの血統について知っておけば、競走馬のタイプをとらえやすいので調教が容易になるし、馬券検討も楽になり、競馬そのものがハイレベルなものとなるので、必ずしも悪いこととはいえないだろう。

問題となるのは血統が片寄ってしまって、サラブレッドの種としての発展性がなくなるという面で、確かにサラブレッドの場合は、他の家畜種と比較して祖先の数が多く、いわば雑種強勢によって発展してきたので、そうした良さは失われてしまいそうである。

その点を除くと、必ずしも人工授精が悪いともいい切れず、将来は認められるかもしれない。

## 217

# 胎外授精認可がレースに及ぼす影響

サラブレッドの人工授精による生産が認められれば、牝馬の胎外授精が認められるにも、そうは時間がかからないだろう。

最初は人の場合と同じく不妊馬や創傷などで種付けのできない馬に治療行為として行われるようになり、やがては拡大解釈されていって、日常的に胎外授精が行われるようになる。同時に借り腹も最初は治療行為として行われ、やがて一般化されていくだろう。

そうなると牝馬の方も多くの卵子を供給するようになり、一年に数多くの兄弟姉妹が生まれることになる。同じＤＮＡを持った馬が多数生まれることになるが、それで競馬が成り立つかというと、その面では実力が伯仲しておもしろいレースにはなると思う。同じＤＮＡでも発現する因子は環境に応じて異なるし、コンディション、騎手の手腕によって発揮される能力も違ってくる。血統は共通性ができるので、馬券の参考にしやすく、1つの配合でできた産駒には共通の特徴が生じる。ハンデ差もかなり正確に反映されるだろうし、今の馬券検討の要素のほとんどが今以上に有効となるだろう。それだけゲーム性が高くなり、さまざまな知識が予想の上手下手と結びつくだろう。

もしサラブレッドに未知の可能性を求めず、自己完結型のゲームとしての賭けを求めるのなら、このようにバイオテクノロジーを使ったサラブレッドによる競馬が、よりゲーム性の高い楽しみを提供してくれるとは思う。

## 218 バイオテクノロジーは馬産をどう変える？

バイオテクノロジーによる胎外授精、借り腹の生産となると、養殖うなぎのように、生産者は試験管内で受胎した産駒を買って、牧場のペルシュロンやベルジアンの胎養に移植するようになるだろう。生まれてからは今とさほど変わらない放牧生活の後に、セリで買われることになるが、この時点ですでに同じ血統の馬の中に優劣が生じているだろう。したがってサンデーサイレンス×ベガというイヤリングは2千万円から3億円、平均価格6千7百万円というように価格の目安ができて、競馬場での同血統の活躍によって相場が上がったり、下がったりすることになる。競馬を終えても、種牡馬になれるのはせいぜい2、3頭だろうし、繁殖牝馬も現在の種牡馬程度の数しか供用されなくなる。

産駒の成績が優秀な牝馬は毎年何度も卵子を摘出され、シャレー上で受胎するが、成績不振の繁殖牝馬はすぐに淘汰されることになる。生産もまたきわめてゲームに近いものとなり、有名牝馬に有名種牡馬を交配した既製品以外に、趣味的なオーダーメイドの配合による馬産をする人も出てくるだろう。それが成功し、新しい血統の種牡馬を生産した人は一獲千金の大きな幸運にありつけることにもなる。

このようにバイオテクノロジーは馬産を大きく変えるものとなるだろうが、果たして今の馬産とどちらが良いだろうか。それは将来の競馬に何を求めるかによって決まるものだろう。

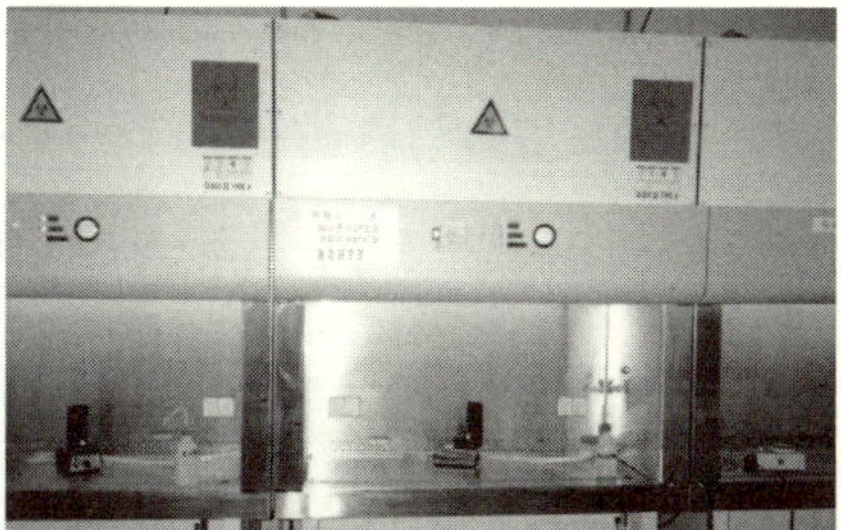

JRA競走馬総合研究所 バイオテクノロジー研究施設。

# 競馬におけるオーナーとは

## 219 オーナーは賭けの引受人

競馬におけるオーナーの基本概念は「賭けの引受人」だった。18世紀以前の競馬では主催者から賞金が拠出されるわけではないので、賭ける人がいなければレースが成立しなかった。

○○さんの栗毛馬と、××さんの鹿毛馬がどちらが強いかというレースが成り立つには、○○さんと××さんが「よし、賭けよう」といってはじめて成立する。だが○○さんに賭けるだけのお金がなければ、お金がある△△さんに栗毛馬が買われるか、リースされることによって競馬が成立する。これは同じように賭けとともに成立したテニスやゴルフやビリヤードの場合と同じで、人のスポーツではプレイヤー自身が賭けることで成立するが、プレイヤーにはそうもお金がない場合が多いので、手腕を見込んだオーナーが賭けを引き受ける。この場合はあらかじめ勝った時の取り分が決められており、競馬の場合も同様に競走馬の持ち主と賭けのオーナーとの賭け金配分が決められる。

エクリップスはワイルドマンの持ち馬だったが、ギャンブラーのオケリーをオーナーとして何度もレースをしており、オケリーは賭けに勝ったお金で最終的にエクリップスを買い取った。

多頭数によってステークスを争うようになってからも、こうしたシステムにはさほど大きな変化はなく、競走馬はレース毎に違ったオーナーの名で出走するようなことも珍しくなく、オーナーも匿名のケースが珍しくなかった。

## 220 競馬は株式投資や保険などと同じ

オーナーを引き受けるのは多くの場合、富裕貴族や産業革命による成金、あるいはギャンブラーだったが、ギャンブラーは競馬のプロで、どの馬の能力が優れているかを見分けることができたし、十分な情報も持っていた。したがって当然ながら勝つ機会が多く、初期の競馬では名馬の多くがオケリーのようなギャンブラーの持ち馬となっている。

このようにいうと、イギリス競馬が極めてダーティなものであったような印象を与えるかもしれないが、多くのスポーツはそのように成立しているし、例えば株式投資とか、保険とか、現在の民主主義の重要なシステムとなっているもののほとんどは同じような生い立ちをもっている。

新しい企業を設立しようという人がいた場合に、そのオーナーの一部を引き受けるのが株式投資だし、船舶に対して危険負担を引き受けるのが保険制度で、要するにお金のある人が、有望なものにオーナーとして投資するのがデモクラシーのシステムなのである。

このようなオーナーの基本概念は現在もさほど変わるものではないが、馬券の売上金によって主催者が賞金を出すようになると、有力馬の持ち主はレース毎に多額の賭け金を用意しなくてもよくなり、生産者や、セリで買った人が長くオーナーを続けることができるようになった。それでも容易に勝てないような馬なら次々と転売されるのが普通で、セリングレースのようなシステムも育った。

## 221 賭けの中心が馬券購入者へ移り、オーナーの地位急落

昔はダービーのような長期的な登録システムを持つレースでは、登録した人の持ち馬としてしか出走できなかったが、これもステークスという賭けが、馬に対してのものではなく、あくまでもオーナーどうしの賭けだったからで、馬は同じでもオーナーが替われば、その馬の賭けは新しいオーナーによってのみ成立することになる。

つまりイギリスでの競馬は馬の能力比較ではなく、あくまでもオーナーの賭けの道具として発達したものといえるだろう。

競馬が賭けであるのは現在も同じであるが、主催者が賭けのための馬券を売り、その売上げから賞金を出すようになって、ようやくレースがオーナー中心から馬の能力そのものを競うようになっていった。それとともにオーナーはより強い馬を生産したり、購買したりする役割に追いやられていき、競馬における賭けの中心が馬券購買者に移っていった。そのころからオーナーの競馬における地位も急速に減退し、逆に調教師や生産者が競馬の中心に居座るようになった。生産者はおおむね貴族や富豪なので、自分で厩舎を経営していることも多い。オーナーがその厩舎の馬を買った場合も、使うレースは調教師が決め、場合によっては騎手服も厩舎のものを使う。

今も古いイギリス競馬の伝統を残しているアルゼンチン競馬ではオーナーがお金を出して、賞金を受け取るだけの存在となっている。日本のクラブ法人馬主とほぼ同じ程度の立場といえよう。

## 222 共同馬主制度を始めたロバート・サングスター

オーナーが出資して、賞金を受け取るだけの存在なら、確かに特定の人である必要がなくなり、現在のような共同馬主制度に変化していくのは当然のなりゆきだった。何人かの仲間が集まって1頭の馬を共同で持つというようなことは競馬が始まったころからあったし、調教師を通じて数人の見知らぬ馬主が共同で馬を持つようなこともかなり昔から行われていたが、馬の購買や売却をエージェントとして行いながら、それらの馬に対して誰でも任意に出資できるというシステムをつくったのは、おそらくロバート・サングスターであろう。

ロバート・サングスターの法人スイテナムスタッド・アンド・パートナーズは、プロフェッショナルなスタッフによって、セリで有望な馬を購買し、それらの馬に誰でも一部に出資できるという方法で多くの顧客を集め、またそれらの競走馬が大レースで活躍し続けることで大きな実績を築き上げた。今ではイギリス競馬でマクツーム家やアガ・カーン殿下の持ち馬と対抗できるのは、スイテナムスタッドだけとなっているが、ある意味でサングスターのシステムはオーナーによる賭けの要素を現代に復元したものといえるかもしれない。サングスターはそうした功績によって、ジョッキークラブの会員に迎え入れられ、今では実質的なイギリス競馬の支配者になっている。そのような賭けの復元が、イギリス競馬の根強さの根源ともいえよう。

## 223 オーナー活動のリスクを緩和する馬の売買

オーナーのもともとの概念が賭けの請負人であるから、オーナーはレースごとに変わるのも珍しくなく、むしろ変わる方が普通というべきだろう。一度失敗した馬でもう一度勝負しようという考えは、その馬によほどの魅力があった場合に限られる。特に下級馬の場合は次から次へとオーナーを変えながらレースを続けるもので、それを競馬のシステムとしたのがイギリスでのセリングレースであり、アメリカでのクレーミングレースといえよう。

確かに馬を頻繁に売り買いしなければ、オーナーを長く続けるのは難しいと思う。100万で買ったものを90万なり、80万で売却すれば、10万なり20万の損失で済むし、その分を他の馬で取り戻すのもさほど難しくはない。しかし、100万まるまるの損となると、取り戻すのも容易ではなく、それを何頭もの馬で続けると、いかに稼ぎの多い人でもすぐにオーナー活動から撤退しなければならないだろう。むろん売ってしまった馬が後に活躍することもあるし、ずっと高く売れる馬を手放してしまうような失敗もあるだろうが、継続的にオーナー活動を続けるとすれば、それぞれの時期における目先の採算性が重要となる。

オーナー活動は一発当たれば大きい収益となるが、それだけリスクもまた大きく、そのリスクを緩和するのが馬の売買というわけで、中級以下のレースは基本的に売買をするために出走させるのが、オーナーとして普通といえよう。

## 224 オーナー層を広げたクラブ法人システム

馬の売買を縦のリスク緩和策とすれば、共同馬主は横のリスク緩和策で、こちらも競馬が始まったころからある程度行われていた。しかし、それも友人どうしとか、同じ厩舎で馬をもっている人どうしとかが任意に1頭を持ったり、セリで争って負けた人が落札した人に半分なり、何割かの権利を譲渡してもらうというようなもので、ロバート・サングスターが始めたような組織的な共同馬主制度はかなり最近になって誕生したものだ。

海外で共同馬主を募集するのはエージェントか調教師で、知り合いのオーナー以外には新聞や雑誌の広告とか、セリ場でチラシを配ったりして一口馬主を募集している。競馬の主催者もそうした時代に合わせて、勝利記念写真を多数で撮影できるように、長い台にオーナーたちが乗って馬をその前に曳いてくるとか、馬が中央に入って両側にオーナーたちが並べるような枠を用意したりという具合に、共同馬主制度に対応できるようになった。

日本では馬主登録に強い制約があり、昔ながらの知人たちの集まりでしか共同馬主が成立していなかったが、それを打開しようとして誕生したのが、「商品ファンド」に強引にあてはめたクラブ法人システムだった。馬主の概念とはかなりかけ離れたものではあるが、これは大成功し、いまではＪＲＡ競馬のオーナーのかなりのパーセンテージをクラブ法人馬主によって占められている。

セレモニーで並ぶ共同馬主の人たち。

## 225 下に厚い賞金制度の問題点

日本の競馬には馬の売買という縦のリスクコントロールも、共同馬主という横のリスクコントロールも、システムとして存在しなかったので、馬主は能力不足かもしれない馬や、いつ故障するかわからない馬を１人や少人数で持って大きな危険にさらされてきた。

そのため馬主組織からの不満が強く、実際に多くの人が出費がかさむために、馬主から撤退しなければならなかった。主催者側はそうした不満への対策として、下に厚い賞金制度を採用した。未勝利クラスでも外国での重賞並みの賞金を提供し、入着賞金や出走奨励賞など、さまざまな名目で能力の低い馬にも賞金が行き渡るようにした。主にＪＲＡが率先して行った邪習であるが、地方競馬とて馬主を確保するには対抗策が必要で、同様の下に厚い賞金制度を採用しなければならなくなり、バブル期のような馬券売上げの伸びがあった時代には何とかなったものの、売上げ低下とともに海外からみればまだまだ巨額の売上げを記録しながら、赤字に転落していく競馬主催者は増加していく一方となっている。

ＪＲＡはクラブ法人という実質的な共同馬主によってオーナー層を大きく広げることができたが、地方競馬は大きく立ち遅れ、過大な賞金制度に悩まされている。そんな中で２００１年の２歳からスタートした社台グループによる共同馬主募集は大きな救いとなるもので、ようやく馬主制度の新たな展開が期待できるようになった。

## 226

# 1頭20人までの共有が認められる地方競馬

地方競馬の場合はクラブ法人の馬主制度が認められていない。これは実際に行おうとするクラブがなかったからだが、その埋合せのような形で、1頭につき20人までの共有を認めるようになった。

今のところ大井競馬を中心とした南関東と兵庫だけではあるが、社台サラブレッドで6頭の生産馬について、2001年の2歳から20口の共同馬主を募集した。地方競馬の馬主登録を持っている人か、登録を取得できる人のみが対象となるのだが、売り出しの日には1時間くらいで全馬満口になってしまったそうだ。いかに多くの人々がこうした制度を待ち望んでいたかを示すもので、社台サラブレッドでは、すでに馬主登録を持っている人を対象に、さらに4頭の追加募集を行い、それもほとんど満口となっている。

地方競馬の場合はJRAほどの高賞金ではないが、預託料は安く、馬代金もJRAに人厩する馬と比較すれば格段に安い。したがって競馬ファンがより気軽に馬主としての楽しみを味わえるものとなる。クラブ法人の中には500口というような細分化によって、馬券程度の出資による楽しみを提供するものもあるが、地方競馬では比較的少ない資金で本格的な馬主活動ができるし、地区によっては出走馬レベルが高くないので、優勝の喜びを得る機会も大きい。このような共同馬主制度を多くのクラブが手がけてほしいし、全国各地の競馬場に広がることを期待したい。

共同馬主の募集案内。

## 227 競馬産業の2つの顧客〜ファンとオーナー

競馬が産業として成り立つためには、馬券購買者としてのファンと、競馬に参加してもらうオーナーという2つの顧客が必要で、競馬産業の経済はこの2つの顧客によって成り立っている。ファンは馬券の他に、入場料、指定席料、競馬グッズ、競馬新聞、雑誌、図書、競馬場などの飲食店を通じて競馬産業に収入をもたらし、ファンの側では観戦、賭けというような、その場的な楽しみの他に、ライフスタイルとして、社交として、ギャンブルによる幸運とか、経済的な起伏を得ることができる。オーナーの方は競馬に参加するための競走馬を購買し、厩舎に預託して、競馬の登録料などを通じて競馬経済に貢献しており、やはり持ち馬の活躍による収益のみならず、社交やライフスタイルを競馬によって得ている。

この2つの顧客は収益をもたらす場こそ違え、競馬との関わりにおいてほぼ同一の存在で、特に昔の「賭けの引受人」としてのオーナーなら、賭ける方法の相違でしかないともいえる。

競馬主催者は当然、これら2つの顧客に対してサービスをすることになるが、ファンの方の支出は主催者への直接の収入となるのに対し、オーナーは生産者や調教師の顧客なので、間接的な取引しかなく、世界的な傾向として主催者からオーナーへのサービスは低くなりがちだが、それが常にオーナーの不満としてくすぶり続けているようだ。馬主の問題は世界的に根深いと思う。

## 228 日本特有の制度・馬主会

オーナーが馬主会という実質的な組合組織を持ち、その組合組織が主催者と交渉権を持っているのは日本だけの特殊な制度で、特にＪＲＡや大井競馬ではそうした組合の発言権が強い。

労働組合なら法的にスト権が保証されているので、交渉せざるを得ないけれど、オーナーの組合とどうして交渉しなければならないのかは理解に苦しむところではあるが、日本の競馬がオーナーに対して満足に楽しめるようなシステムを築いてこなかったことに原因があったように思う。

馬主経済などという言葉が語られるのも日本だけの現象で、実際に馬主活動というのはホビーであって、収支を問題にするような分野ではない。ファンが馬券経済などといっても問題にされないのと同じであろう。確かに馬主経済という主張に対しては、主催者がホビーを経済として論じるのはおかしいと主張してきた。

にも関わらず、実際に馬主たちが絶対にやっていけないという結果が統計的に出てしまうことが問題となる。そこでシステムを問題にすればよかったのだが、賞金の増額を要求し、それに主催者が応じることで、日本の競馬の悲劇が始まったと言えよう。日本の競馬では、ＪＲＡの未勝利戦の賞金がヨーロッパの重賞なみで、かなりの僻地の競馬の賞金がヨーロッパの一流競馬なみとなっている。それが日本の競馬主催者を、大きな赤字経営に追い込んでいることは疑いない。

## 229 馬主になるための手続き

実は私も地方競馬の馬主登録を受け、2歳馬を南関東で2頭（大井と船橋）、各20分の1ずつ持つことになった。

馬主になるにはかなり面倒な手続きが必要で、まず自分の馬を購買し、預託先となる厩舎を決めなければならない。厩舎が決まったらNARから馬主登録申請書を送ってもらって、記入し、印鑑証明とか、所得証明とか、管財人が存在しないことを証明する書類とか、戸籍謄本とか、いくつかの念書などを添えて、調教師を通じてNARに提出する。

NARではこれらをもとに信用調査をして、3か月位後に認可が降りることになる。もし、現役競走馬を購買してしまったような場合には、その間は出走できないので、最初は共同馬主制度などを利用して、馬主登録を獲得してから単独の持ち馬などを購買するのが良いように思う。

馬主の資格としては、管財人が存在しないこと、2年以上にわたって年間500万円以上の課税所得があること、犯罪歴（内容によっては認められるものもある）がないこと、暴力団の組織構成員でないこと、などで、JRAの場合はもっと難しい条件がつくけれど地方競馬の場合は一般的なサラリーマンでもさほど難しくない。

自分の持ち馬の出走するレースを見るのは特別なスリルがあり、勝てばむろんのこと、まずまずの好走をして着に入れば非常に豊かな気分になる。次に期待できるというのが何よりもの楽しみだ。

欲しい馬をセリ落として調教師と喜び合う著者。

## 230 競走馬の購入から出走まで

競走馬を購買する方法はいくつもあるが、最も普通なのは預託先となる調教師に相談して馬を捜してもらうか、調教師とともにセリに行き、両者の気に入った馬をセリ落とすという方法だろう。

セリで馬を買う場合にはあらかじめセリの主催者に登録をして、自分の予算の範囲までセリ上げていくことになる。このセリへの参加もまたなかなかスリルがあるもので、次に相手が上げてくればどうしようとか、少し間隔をおいていかにも最後のセリ上げに見せかけようとか、こちらはいくらでも上げるぞという姿勢を見せるために値を飛ばすというようなさまざまな手法がある。

買った馬は育成場に預けて、入厩までの期間に馴致や鍛練を行うことになるが、育成場に関しては調教師が継続して観察できるように調教師に紹介してもらうのが望ましい。

育成場では徐々に強いトレーニングを行うようになっていき、競走に出て力を発揮できる状態になれば厩舎へ送られる。厩舎ではそこから最後の仕上げに入り、出走体制が整ったところで出馬投票ということになる。調教師から連絡を受け、競馬場の事務所で席のカードをもらってレースを見守るが、勝った場合は急いでスタンドを駆け降り、馬場入口まで行くと調教師や馬が待っていて「おめでとう」といわれ、みんなで記念写真を撮影する。これが馬主としての最も晴れやかで、楽しく、誇らしい瞬間となる。

## 231 都心の公園地区にあるドイツの競馬場

日本では大井のような都心地域の競馬場が珍しいけれど、ヨーロッパ、特にドイツではほとんどの競馬場が都心地にある。そこは重要な公園地区に指定されていて、向こう正面に巨大な森があり、ほとんど自然林に近い状態が保たれている。森の中は決められた道以外への立入り禁止で、都心の散歩道として、乗馬のトレッキングコースとして使われている。

ドイツのほとんどの大都市にはそのような競馬場があり、例えばドイツ・ダービーが行われるハンブルクのような競馬場ですら、年に1週間開催されるだけとなっている。つまり、競馬場は競馬を開催することが主な目的ではなくて、公園として存在することにより重要な意識を与えられているといえるだろう。

競馬開催はそれぞれの都市のお祭りのようなもので、年に一度、森の中を馬が競走するというわけだ。競馬場そのものは市の公園なので、競馬主催者の負担とはならないけれど、競馬開催には人件費や機械類など、多くの費用を要するので、多数の競馬場が赤字経営となっている。何とか競馬場の数を減らしたいそうだが、地元の強い反対運動によって廃止できず、経済大国にしては賞金額などが低い。日本の競馬と似た面と、正反対の面があるといえよう。ただ、ドイツでは競馬場が市民の憩いの場としてだれもに歓迎される存在であることは確かで、赤字かどうかは二の次の問題となっている。

## 232 競馬の意義と目的

競馬にはさまざまな目的がある。広い空間を公園として残すこともその一つ（ドイツの場合）だし、人々の娯楽としての賭けもその一つ（アメリカの場合）。賭けには自己決断、自己責任に基づくデモクラシー教育としての意味（イギリス、オーストラリアの場合）もある。アイドル的存在としての競走馬によるショウとして（アメリカの場合）も人気を呼ぶし、予想によるシミュレーションゲームとして（これは日本のもの）の楽しみもある。国際的なイベントとして世界に注目される（UAEなどは競馬がなければほとんどの人が知らない国だっただろう）ようなことも、大型動物を唯一実用家畜として残せるのも競馬だけといえるだろう。

それら一つ一つは人間社会にどうしても必要というものではないのだが、それらの存在によってどれだけ多くの人々がなんらかの楽しみや、生きがいを得ているだろうか。

野原で競馬をしていた時代と、コンピュータ時代の今では競馬のあり方は大きく違っているが、そのような時代の移り変わりによって、競馬の意義や目的は増えこそすれ、ほとんど減ることはなかった。その背景にはやはり広々とした公園としての競馬場と、目的を与えられた生き物としての競走馬という自然の営みが都市空間にマッチして、コンピュータ社会、システム社会にまで巧みに浸透してきたという競馬独特のアイデンティティがあるように思う。

ファン層を広げたナイター競馬。

## 233

# 競走馬の名とともに刻まれていく1年

いかなる競走馬も数年で競走生活を終えてしまうので、３００年の競馬史には次々と新しい競走馬の歴史が積み重ねられてきた。

オンスロート、ヒカルタカイ、ハツシバオー、ハイセイコー、ロジータ、トーシンブリザードと、南関東競馬でも次々新しい名馬の名が書き加えられていき、それらはさまざまな記録と思い出を残している。どのような偉人でも、競走馬ほど長く、強く人々の記憶に残るわけではない。人に対する価値観は時代を経ると大きく変わっていき、かつて英雄だった人々も、いつか犯罪者のように扱われることが珍しくない。

それに反して競走馬の名は、現役時代の活き活きとした姿がそのまま後世に残され、時にはその馬の血統が後々の名競走馬を育てていくことにもなる。競馬の不思議の一つはそのように強固な時間的普遍性ではないだろうか。

他の分野では時間がコマ送りのように素早く流れ去ったり、まるで時間の移り変わりから取り残されたようにゆったりと流れたりするけれど、競馬の世界では極めて正確に時が刻まれていく。2歳馬がデビューして、何頭かがクラシック候補として抜け出し、3歳を迎えて本格的な戦いの後に、歴史に名を残すような名馬も出現してくる。やがて競走から引退して、3年後にはそれらの産駒が競馬場に姿を現す。ずっと、ずっと、競馬ではそれがくり返され、確実に1年という時間が競走馬の名とともに刻まれている。

1978年「第24回東京ダービー」ハツシバオー（父タケシバオー、母ハツイチコ）。

## 234 連載を振り返って

2年間にわたって大井競馬のレーシングプログラムに連載させていただいたこの「アーバンダート百科」もこれでひとまず完結となる。

地方競馬や南関東競馬の歴史、ダート競馬の意義やあり方、日本の砂コースと世界のダートコースの違い、日本のダート競馬で成功している血統、南関東競馬の歴史的名馬たち、賭けの意味と役割、調教師、騎手、生産者、オーナーなどの仕事や立場、その理想など、文字通りアーバンダート競馬を中心とした百科全書のようにすべての分野を網羅してさまざまな事柄を記述しながら私の考え方も述べてきた。

これまでの常識と大きく異なったものもあるし、過去には忘れられていたような事柄を掘り起こしたこともある。多分に小難しい理論をこね回したり、混然としていた事柄を整理し直したり、扱い方もさまざまだったが、大井競馬場へ観戦にいらっしゃった方が、レースの合間に読んでいただいて、何かの刺激や、問題提議や、知識の蓄積になったことがあればこの上ない幸せです。

トーシンブリザード。

ロジータ。

ハイセイコー。

| | |
|---|---|
| 057 | JRA |
| 058 | (株)サラブレッド血統センター |
| 059 | (株)サラブレッド血統センター |
| 060 | 川崎競馬 |
| 061 | JRA |
| 062 | 柳原プロダクション |
| 063 | 大井競馬 |
| 064 | 山野浩一撮影 |
| 065 | (株)サラブレッド血統センター |
| 066 | JRA |
| 067 | 山野浩一撮影 |
| 068 | J.Fukuda |
| 069 | JRA |
| 071 | 大井競馬 |
| 073 | 「THE HISTORY OF THOROUGHBRED RACING IN AMERICA」WILLIAM H.P.ROBERTSON |
| 074 | 「PHAR LAP THE STORY OF THE BIG HORSE」I.R.CARTER |
| 076 | 「RUNNING RACING」John Tyrrel |
| 077 | 「Great Stud-Farms of The World」 |
| 082 | 「INSIDE RACING」Mel Heimer |
| 086 | 大井競馬 |
| 088 | 「Carbine」Grania Poliness 1985 |
| 091 | 優駿 |
| 094 | (社)東京都馬主会「30年史」 |
| 095 | (社)東京都馬主会「30年史」 |
| 097 | JRA |
| 099 | (有)いちかんぽ |
| 102 | 「The Bowed Tendon Books」Tom LVERS |
| 103 | 「NATIONAL MUSEUM OF RACING AND HALL OF FAME」 |
| 104 | 柳原プロダクション |
| 105 | 柳原プロダクション |
| 106 | 「NATIONAL MUSEUM OF RACING AND HALL OF FAME」 |
| 107 | 柳原プロダクション |
| 109 | 柳原プロダクション |
| 110 | 大井競馬 |
| 111 | 大井競馬 |
| 113 | 柳原プロダクション |
| 115 | 柳原プロダクション |
| 116 | 「INSIDE RACING」Mel Heimer |
| 118 | 「INSIDE RACING」Mel Heimer |
| 120 | 大井競馬 |
| 121 | 「Encyclopedia of Thoroughbred Handicapping」Tom Ainslie |
| 122 | 「VOLLBLUT」 |
| 134 | 柳原プロダクション |
| 136 | 社台サラブレッドクラブ |
| 137-1 | JRA |
| 137-2 | JRA |
| 139 | 山野浩一撮影 |
| 141 | 大井競馬 |
| 146 | 「THOROUGHBRED STYLE」Anne Lambton/John Offen |
| 149 | 大井競馬 |
| 151 | 「THE JOCKEY CLUB」Roger Mortimer |

| | |
|---|---|
| 153 | 「THE HISTORY OF THOROUGHBRED RACING IN AMERICA」WILLIAM H.P.ROBERTSON |
| 154 | 大井競馬 |
| 156 | 大井競馬 |
| 158 | 「MY STORY」GORDON RICHARDS |
| 160 | 「CIGA WEEKEND A LONGCHAMP」 |
| 162 | 川崎競馬 |
| 164 | 大井競馬 |
| 165 | 大井競馬 |
| 166 | (有)いちかんぽ |
| 168 | 大井競馬 |
| 169 | 「AGAINST ALL ODDS」GAI WATERHOUSE |
| 171 | 「Great Stud-Farms of The World」 |
| 172 | 「THOROUGHBRED STYLE」Anne Lambton/John Offen |
| 174 | 「MY STORY」GORDON RICHARDS |
| 175 | 「THOROUGHBRED RACING IN AMERICA」EDWARD L.BOERN/STEVEN CRIST |
| 176 | 「The Racehorse Trainer」PAUL HAIGH |
| 177 | 「Treasures of The Bloodstock Breeders' Review」J.A.ALLEN |
| 178 | 「LESTRE A BIOGRAPHY BY SEAN PRYOR」 |
| 179 | 大井競馬 |
| 181 | 大井競馬 |
| 183 | 「Great Stud-Farms of The World」 |
| 185 | 大井競馬 |
| 187 | JRA |
| 192 | 社台サラブレッドクラブ |
| 193 | 「GAINESWAY FARM 1987」 |
| 197 | 「THE JOCKEY CLUB」Roger Mortimer |
| 201-1 | JRA |
| 201-2 | JRA |
| 202-1 | 「COOLMORE」 |
| 202-2 | 「COOLMORE」 |
| 203 | 「GAINESWAY FARM 1987」 |
| 204 | 「THOROUGHBRED STYLE」Anne Lambton/John Offen |
| 205 | 「Hoofprints In Time」George Russell |
| 206 | 「Hoofprints In Time」George Russell |
| 207 | 山野浩一撮影 |
| 208 | 「THOROUGHBRED STYLE」Anne Lambton/John Offen |
| 210 | 「Great Stud-Farms of The World」 |
| 211 | 「Great Stud-Farms of The World」 |
| 213 | 社台サラブレッドクラブ |
| 214 | 社台サラブレッドクラブ |
| 218 | 山野浩一撮影 |
| 224 | フォトハヤシスタジオ |
| 226 | 社台サラブレッドクラブ |
| 229 | 山野浩一撮影 |
| 232 | 大井競馬 |
| 233 | 柳原プロダクション |
| 234 | 柳原プロダクション |

# 写真及び図版出典一覧

| | |
|---|---|
| 001 | 山野浩一撮影 |
| 002 | 「THE ART OF THE HORSE」justin B.Evans |
| 003 | 「THOROUGHBRED RACING IN AMERICA」EDWARD L.BOERN/STEVEN CRIST |
| 004 | 大井競馬のあゆみ |
| 005 | （社）東京都馬主会「30年史」 |
| 006 | （社）東京都馬主会「30年史」 |
| 007-1 | 山野浩一撮影 |
| 007-2 | 山野浩一撮影 |
| 008 | JRA |
| 009 | （社）東京都馬主会「30年史」 |
| 010 | （社）東京都馬主会「30年史」 |
| 011 | （社）東京都馬主会「30年史」 |
| 012 | JRA |
| 013 | （社）東京都馬主会「30年史」 |
| 014 | （社）東京都馬主会「30年史」 |
| 015 | （社）東京都馬主会「30年史」 |
| 016 | 「日本の種牡馬 1966」昼夜通信社 |
| 017 | 柳原プロダクション |
| 018 | 柳原プロダクション |
| 019 | JRA |
| 020 | （社）東京都馬主会「30年史」 |
| 021 | （有）いちかんぽ |
| 022 | 「日本の種牡馬 1966」昼夜通信社 |
| 023 | （社）東京都馬主会「30年史」 |
| 024 | （社）東京都馬主会「30年史」 |
| 025 | 柳原プロダクション |
| 026 | 大井競馬 |
| 027 | 川崎競馬 |
| 028 | 大井競馬 |
| 029 | 大井競馬 |
| 032 | （社）東京都馬主会「30年史」 |
| 033 | 大井競馬 |
| 034 | （有）いちかんぽ |
| 035 | （社）東京都馬主会「30年史」 |
| 036 | （株）サラブレッド血統センター |
| 037 | 柳原プロダクション |
| 039 | 柳原プロダクション |
| 040 | JRA |
| 041 | JRA |
| 043 | 柳原プロダクション |
| 045 | （株）サラブレッド血統センター |
| 046-1 | 「THOROUGHBRED STYLE」 Anne Lambton/John Offen |
| 046-2 | 「BLUE RIBAND SIRE」 Lesley I.Sampson |
| 047 | 「COOLMORE」 |
| 048 | 「GAINESWAY FARM 1987」 |
| 049 | 「GAINESWAY FARM 1987」 |
| 050 | （株）サラブレッド血統センター |
| 053-1 | 「THE HISTORY OF THOROUGHBRED RACING IN AMERICA」WILLIAM H.P.ROBERTSON |
| 053-2 | 「日本の種牡馬 1966」昼夜通信社 |
| 054 | （社）東京都馬主会「30年史」 |
| 055 | （株）サラブレッド血統センター |
| 056 | 「THOROUGHBRED RACING IN AMERICA」EDWARD L.BOERN/STEVEN CRIST |

## 著　者　略　歴

### 山《やま》野《の》浩《こう》一《いち》

作家・評論家・サラブレッド研究家

昭和14年大阪生まれ
著書は「鳥はいまどこを飛ぶか」（早川書房）、「殺人者の空」（仮面社）、「伝説の名馬」（中央競馬ピーアール・センター）、「サラブレッド血統事典」（二見書房）、「ラテンアメリカ文学を読む」「城と眩暈」（ともに共著・国書刊行会）など多数。1990年「サラブレッドの誕生」（朝日新聞社）でJRA馬事文化賞受賞。


**アーバンダート百科**

2003年4月28日　初版第一刷発行

| | |
|---|---|
| ●著者 | 山野浩一 |
| ●発行所 | 株式会社国書刊行会<br>東京都板橋区志村1-13-15<br>電話：03-5970-7421 |
| ●発行者 | 佐藤今朝夫 |
| ●企画・編集 | 朴澤正雪 |
| ●印刷 | ㈲ヴァルシステムズ |

ISBN4-336-04537-2